家族企业
风险承担与治理

Family Business
Risk-taking and Governance

汪丽 徐志坚 著

南京大学出版社

图书在版编目(CIP)数据

家族企业风险承担与治理 / 汪丽，徐志坚著. —— 南京：南京大学出版社，2023.7
ISBN 978-7-305-27104-5

Ⅰ.①家… Ⅱ.①汪… ②徐… Ⅲ.①家族—私营企业—企业管理—风险管理 Ⅳ.①F279.23

中国国家版本馆 CIP 数据核字(2023)第 113672 号

出版发行	南京大学出版社		
社　　址	南京市汉口路 22 号	邮　编	210093

书　　名　**家族企业风险承担与治理**
　　　　　JIAZUQIYE FENGXIAN CHENGDAN YU ZHILI
著　　者　汪　丽　徐志坚
责任编辑　谭　天
照　　排　南京南琳图文制作有限公司
印　　刷　南京新世纪联盟印务有限公司
开　　本　880 mm×1230 mm　1/32 开　印张 7.625　字数 178 千
版　　次　2023 年 7 月第 1 版　2023 年 7 月第 1 次印刷
ISBN 978-7-305-27104-5
定　　价　58.00 元

网　　址　http://www.njupco.com
官方微博　http://weibo.com/njupco
官方微信　njupress
销售咨询　(025) 83594756

* 版权所有，侵权必究
* 凡购买南大版图书，如有印装质量问题，请与所购
　图书销售部门联系调换

序

自有人类文明开始,"家"一直是一个天然的存在,人在家中积蓄力量,适时外出猎食,延续生命,繁衍后代。对于部分繁衍能力强的人类,或者从世俗层面,或者从宗教层面,演化出了人类的"家族"形态。

在农业文明时代,家往往是生产力的代表。一个人口众多的大家庭,通常占有的资源就多、产出就大,生活就可以相对富裕。如果大家庭演化出大家族,就有可能形成一个社群,并构建出一个社会组织。在中华文明的认知中,家是最小的国,国是最大的家;国就是家的复制版、放大版,而家则是国家的基础单元与核心构件,中华文明倡导的就是"爱国犹如爱家"。

在早期的商业活动中,如果需要较大规模的组织参与,也不乏家族共同参与的影子。作为一个天生的团队、紧密型群体且有管理的组织,家族往往具有比较优势。如此,以家族为核心建立商业性组织,就成为商业历史中一道不可或缺的风景线。

即便在工业文明时代,由于机器的使用,对具有一致技能劳动力的大量需求,社会的基础单元由家庭降格为个人,但家族作为联合发起方、联合投资方或联合管理方,在共同创业、共担风险及团队管理方面,仍常常发挥着重要的作用。家族企业,作为一个闪亮的概念,在人类经济、社会、管理的历史中频频出现。

因此,关于家族企业的理论研究,或高潮、或低谷,但自始至终没有离开经济学、管理学理论研究的主流论坛太远。家族企业在其运行中表现出来的强关系、信任以及心理契约等特征,逐渐成为当今管理学的核心概念与重点研究内容。而家族网络,作为家族企业的非普遍特征,在一些个案中,也能见到其重要作用,特别是在组织扩张与协同发展方面。

不可否认,资本市场的出现,给家族企业带来了巨大的挑战。资本市场致力于将私有企业转变为公众公司,将股东结构进一步分散化。一方面,它扩大了资本的来源,壮大了公司规模,使公司有足够的资本投入大规模的研发、创新和发展;另一方面,它也导致了公司治理问题的出现。尽管家族企业中,因信息不对称导致的委托代理问题似乎不是那么突出,但股东与董事会之间的信托关系、大股东与小股东之间的利益冲突形成另一类的公司治理问题。在过去一段时间里,这一类的公司治理问题成了战略管理研究的重要领域。

近年来,家族企业的研究又趋于活跃,关系契约理论、社会财富情感理论、资源依赖理论、社会资本理论、高阶理论及创新理论的引入,不仅丰富了家族企业研究的内容,同时也给家族企业的研究带来了勃勃生机。而家族企业研究中的传统议题,如风险承担、代际传承、控制权配置等,在新的场景下,又获得了新的生机。再加上组织认同、家族涉入、国际化与社会责任等新思维的广泛运用,促成了家族企业的研究成了一棵参天大树,所以有必要将众多的理论研究成果汇聚在一本家族企业研究的著作中,以供相关学习者、研究者共同学习与研究使用。

序

在多年研究、教学积累的基础上,我们把家族企业研究的相关成果逐一分类、汇聚、总结,并以专业著作的方式,将相关领域的研究成果展示出来。如有不当之处,敬请大家批评指正。

在本书的撰写过程中,得到了曹腾、王皓玥、孙亚、骆彦西、张艺炜、肖诗琦、徐静、王璇、熊媛媛、徐颖、尹年崴、费文涛、冯乐乐、胡杨宁、胡昕玥、胡茵、吴灿等的帮助与支持,他们参与了资料检索、文字整理与文献格式修改的工作,在此表示衷心的感谢!还要特别感谢编辑谭天,她为本书的顺利付梓提出了非常好的建议。

2023 年 春

目　录

第一篇　概　述
家族企业概述 / 1

风险承担概述 / 4

风险承担研究的文献分析 / 10

家族企业风险承担的经济后果 / 20

公司治理与风险承担 / 21

重要文献 / 27

第二篇　资源依赖理论与家族企业治理
资源依赖理论的演化 / 29

资源依赖理论与公司治理文献分析 / 31

家族企业资源的依赖路径 / 32

董事会与家族企业绩效 / 35

重要文献 / 42

第三篇　控制权理论与家族企业治理

控制权理论 / 44

家族企业公司治理与控制权理论文献分析 / 48

家族企业权力配置特征 / 51

家族成员与非家族成员间的权力配置 / 52

重要文献 / 57

第四篇　社会资本理论与家族企业治理

家族企业的社会资本 / 59

家族社会资本的文献分析 / 61

家族社会资本与公司治理 / 63

家族社会资本的动态发展 / 64

家族社会资本与代际传承 / 66

重要文献 / 68

第五篇　关系契约理论与家族企业治理

关系契约理论基础 / 69

关系契约文献分析 / 71

关系契约理论与家族企业治理 / 73

重要文献 / 77

第六篇　社会情感财富理论与家族企业治理

社会情感财富理论 / 79

家族企业社会情感财富文献分析 / 83

社会情感财富视角的家族企业创新 / 87

家族控制与家族企业公司治理 / 93

重要文献 / 98

第七篇　家族企业的高管团队

企业中的团队 / 100

家族企业高管团队文献分析 / 102

高阶理论与家族企业治理 / 104

家族企业高管团队与创新 / 107

重要文献 / 108

第八篇　家族企业的组织认同

企业中的组织认同 / 110

家族企业组织认同的文献分析 / 111

家族企业组织认同的成因及影响因素 / 114

组织认同在家族企业中的影响 / 116

组织认同与家族企业非经济目标 / 118

重要文献 / 119

第九篇　家族企业的传承与创新

家族企业的代际传承 / 121

代际传承对创新的影响 / 124

数据收集与处理 / 128

Meta 分析结果与讨论 / 132

重要文献 / 139

第十篇　家族企业的家族涉入与创新

家族企业的家族涉入 / 141

家族涉入对创新的影响 / 147

数据收集与处理 / 151

Meta 分析结果与讨论 / 153

重要文献 / 164

第十一篇　家族企业的创始人与创新

家族企业的创始人 / 166

创始人对创新的影响 / 167

数据收集与处理 / 172

Meta 分析结果与讨论 / 174

重要文献 / 181

第十二篇　家族企业的家族涉入与国际化

家族企业的国际化 / 183

家族涉入对国际化的影响 / 185

数据收集与处理 / 189

Meta 分析结果与讨论 / 192

重要文献 / 198

第十三篇　家族企业的投资者与风险承担

机构投资者的积极性 / 199

家族企业外部股东的界定 / 201

外部股东积极性与家族企业风险承担 / 203

外部股东积极性与家族企业绩效 / 210

重要文献 / 212

第十四篇　家族企业的社会责任

企业社会责任的影响因素 / 214

企业社会责任的经济效果 / 218

家族企业的企业社会责任 / 222

重要文献 / 227

后　记 / 228

第一篇 概　述

家族企业概述

从产生到不断发展的过程中,家族企业就作为一种特殊的企业组织形式在全球的经济发展中一直发挥着重要的作用。根据福布斯2020年发布的《中国现代家族企业调查报告》,在中国的所有民营企业上市公司中,家族企业的数量占比达到了50%。家族企业已经成为各大研究平台重要的研究对象,也是各种服务和管理机构重要的服务对象。根据文献分析,关于家族企业的相关研究从2001年起迅速增加,包括中国在内的全球各地研究者对家族企业的管理和治理问题都进行了探索。

本书主要讨论家族企业的公司治理和风险承担问题。在接下来的内容里,我们主要是对家族企业的界定、家族企业的公司治理,以及家族企业的风险承担问题进行概述,为后续的讨论奠定基础。

家族企业的界定

什么是家族企业?学术界对这个问题讨论了很长时间,但对家族企业的定义却依旧意见不一。家族企业相对于其他的企业而言,最大的特点就是家族化,因为家族企业内部股东或管理人员存在着明显的家族关系。家族成员作为家族企业的股东,相较于一般企业的持股股东拥有更强的长期导向和影响力。定义的不同主要在于评价标准的选择,是用持股比例决定的所有权,还是用实际支配权来判定一个企业是否是家族企业。例如,德鲁克认为家族企业是由家族管理和控制的企业,他强调的是家族对企业的控制权和管理权;而钱德勒在界定家族企业时更强调决策权,他认为企业的创始人或创始家族必须在企业的重要决策中拥有主要的决定权。国内学者潘必胜综合德鲁克和钱德勒的观点,他强调一个家族在企业中的股权和经营权,认为如果一个企业的所有权和经营权主要集中在一个或几个家族,那么这个企业就可以被定义为家族企业。Gomez-Mejia 从社会情感财富的角度,认为家族作为股东对家族企业的控制和管理与一般企业的股东存在很大的差异,家族企业的家族活动更关注家族的持久性和传承性,所以他更倾向于从控制权的传承角度来界定家族企业。

目前对于家族企业的概念没有形成统一的界定方式,但绝大多数的研究文献是采用控制权和所有权相互结合的形式对一个企业是否为家族企业而进行界定的。比如裴平等人在研究家族上市公司时,用了 3 条标准来界定家族企业。如果一个企业的最终控制人是自然人或家族,则可以界定该企业为家族企业;如果一个企业的最大股东是家族,而且该家族为最终控制者,那么这个企业也可以界定为家族企业;如果一个企业的最大股东是家族,也可以用家族的最小持股比例来界定家族对企业的控制权,进而界定该企业是否为家族企业。他们的研究对持股比例的多少没有进行明确的界定,后来学者在此基础上加入了对持股比例或控制权具体数额的界定,进一步将家族的持股(通过直接或间接持有)比率大于 10%。上述三条标准对家族企业进行界定的方法得到了大多数学者的认同。

这种对家族企业进行界定的方式和标准指出了企业最终控制人和企业间的家族纽带,指向隐藏的现金流量权后的最终控制者,而并非浮于企业股东的表面。此外,该标准严格要求了家族的持股比例,将所有权和控制权有效结合,体现了家族企业所有权和管理权高度统一的特性,明确了家族企业和非家族企业的区别。

家族企业公司治理的特征

现代企业公司治理问题主要包含两类:由于所有权和经营权分离所导致的第一类代理问题和由于现金流量权和投票权所导致的第二类代理问题。家族企业相对于非家族企业的公司治理有很强的独特性。对于绝大部分的家族企业,家族成员参与公司的管理,所以家族企业内部第一类代理问题不是非常严重。但由于家族成员股东和非家族成员股东的本质差异,家族企业的第二类剥夺性治理问题非常严重。在家族企业中,家族股东不仅要面临和非家族股东的目标分歧,同时还要面临职业经理人可能做出的机会主义行为。

家族企业主要靠亲缘、姻缘等关系形成长期有效的关系网络,成员群体内具有很强的内部凝聚力,家族成员在家族遇到困难时会"牺牲自我"来维护家族。此外,家族成员往往也担任管理层职务,家族成员彼此之间的信任程度也更高,他们的目标比一般企业的管理层和股东能更好地协调一致,这使得由所有权和管理权分离产生的第一类代理问题并不显著。

与非家族企业相比,家族企业存在突出的第二类代理问题。家族企业内部股权相对更为集中,股东大会基本由家族控股股东控制,大股东利用家族关联关系侵占小股东的利益的可操作性增加。一方面,家族企业为了改善其成长过程中的融资约束困境会更有动机进行盈余管理,提高合法性,以获得资本市场中利益相关者支持。另一方面,控股家族可能通过控制权超过其现金流权的两权分离,实施"隧道挖掘"行为以获取超额收益。

对于家族企业管理决策的风险偏好,已有研究大多是以某个具体决策为分析对象,考察家族企业对特定管理决策的偏好,以此推断家族企业在管理中的风险承担倾向。相比非家族企业,家族企业的管理者多为家族成员,他们对企业有特殊的归属感,为了保全家族财富的完整性和自己的控制地位,有时候可能宁愿放弃带来较高经济回报的投资机会,也要保证家族对企业的控制。一种普遍的解释是家族成员认为家族企业是一种社会情感财富,在管理决策中会被家族成员优先保护。例如,国际化会给家族企业带来更广阔的市场,上市可以给企业带来更充足的外部资金,但顾虑到控制权稀释和管理模式的改变,家族企业也可能会排斥这些行为。在公司治理相对薄弱、家庭作用比较突出的家族企业中,由于股权的高集中性和持股股东的相对单一,家族大股东更容易规避风险。

风险承担概述

风险承担的界定

企业作为一种典型的经济型组织,其合法性主要来源于资源的有效配置和剩余价值的创造。资本市场的基本游戏规则就是风险和收益相生相伴,企业作为资本市场的参与者,要想获取剩余价值则必须要承担风险。股东在企业的收益分配中拥有的是最后剩余索取权,所以从风险的角度来看,股东是企业所有利益相关者中承担风险最大的一方。在两类公司治理问题的情境中,从任何一方利益相关者的角度来关注公司风险承担的问题都是非常必要的。

从宏观经济角度看,企业的风险承担是国民经济持续增长的引擎,高风险项目产生的高收益有助于技术进步,加速社会资本积累。从微观层面来看,企业风险承担行为可以帮助企业获得更多的利润、积累更多的财富,合理的风险承担有助于公司利用有利可图的市场机会来增加价值,但过度的风险承担会导致公司风险的积累,从而加大了破产的可能性。

风险、风险偏好和风险承担是有联系但又不同的概念。风险一般情况下也常被表述为不确定性,但实际上两者是不能简单对等的。企业在不确定环境下参与市场竞争,必须要面临动态、多阶段决策问题,企业的所有决策从资金本质的角度来看,即在不确定的环境下对资源进行跨时空的配置。这也就意味着企业经营必然面临投资结果不确定的问题。风险偏好只是决策者的风险态度,有的人倾向于爱冒风险,有的人却倾向于风险厌恶,不同风险偏好的人在同样的环境下也会做出完全不同的决策。而风险承担更应该表述为企业或决策者的行为选择,比如企业是否创新、国际化、并购等都是企业典型的风险承担决策行为。

决策者在进行风险性决策时,未来环境的不确定性导致企业的风险承担表现为主动风险承担和被动风险承担两种情况。如果决策者事先知道某种风险的存在而去主动选择承担风险和后果,那么这就是典型的主动风险承担。比如企业明知道进行研发投入不一定会带来好的创新绩效但还是会做出研发决策,这就是典型的主动风险承担。另外一种风险承担是决策者事先并不知道或没有能力识别可能的风险而做出了风险承担行为,不得不被动地承担经济后果。比如企业要进行国际化,由于不了解外国的环境而导致企业的经济损失,这可能是管理者的短视或过度自负造成的被动风险承担。

风险承担的研究视角

现有研究内容可以分为企业风险承担水平的前因研究和企业风险承担的经济后果分析两个方向,也有研究在企业治理与企业绩效研究基础上,基于风险承担的研究视角,构建"公司治理—风险承担—企业绩效"的分析框架。其中,关于企业风险承担的经济后果的研究相对较少,且实证分析居多,尚未建立完善的理论分析体系,已有的研究对企业风险承担在企业组织层面可能会带来的经济后果主要包括企业业绩、投资效率、价值成长、创新产出等。

对风险承担的"前因"分析展开的研究设计更多,相关理论发展较为丰富,该领域理论发展主要包括高阶理论、代理理论、企业行为理论、前景理论、行为代理理论和社会情感财富理论等。我们用图 1 梳理了家族企业风险承担相关研究的理论基础和各自的核心要义。

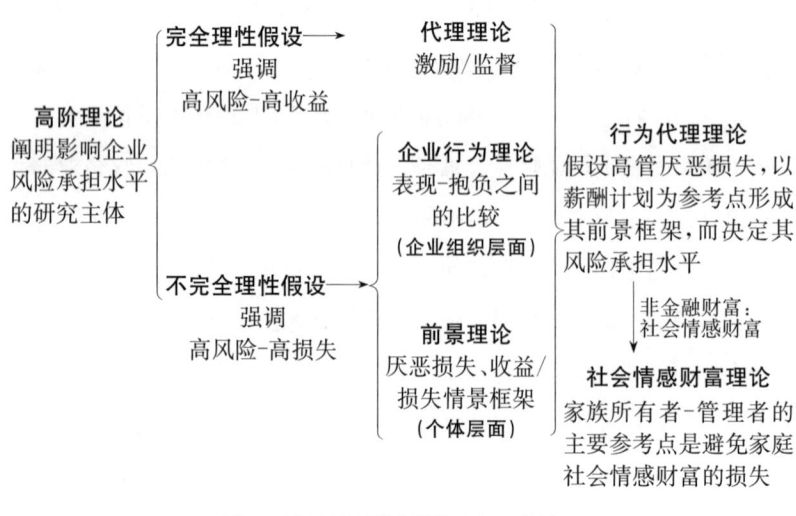

图 1 风险承担"前因"研究理论梳理

第一篇 概 述

风险承担是战略管理的核心主题之一,而公司战略决策几乎都是在高管层面的企业活动,因此企业风险承担水平主要是由高管或高管团队决定的。高阶理论认为拥有不同个人特征、心理特征和可观察经验的高管或高管团队往往具有不同的价值观和认知结构,从而在不同的战略选择中会表现出不同的风险承担水平。

在个体层面,研究支持决策者接受MBA教育、工作经历与管理风险承担水平有关[1],决策者高的核心自我评价、自恋、过度自信等往往与企业的高风险决策相关。在团队层面上,高阶理论视角的研究主要集中于高管团队构成的异质性与企业风险决策的关系,其中高管团队中女性高管或女性董事的存在对企业风险承担水平的影响关系的研究结论不一致。Faccio研究发现女性决策者经营的公司比男性决策者经营的类似公司表现出杠杆率更低、收益波动性更小和生存机会更高的普遍特征,且发现从男性决策者到女性决策者的转变与企业风险承担水平在统计上显著减少有关[2];但也有研究认为在风险较低的家族企业中,女性董事的存在对家族企业冒险行为(为保留社会情感财富期望改善未来绩效)有积极影响[3]。

代理理论的提出为解决企业所有权和控制权分离带来的代理问题提供了有效的研究视角。当委托人和代理人有不同的风险偏好时,高管或高管团队可能会在企业风险偏好方面与股东发生代理冲

---

[1] Bertrand, M et al. Managing with Style: The Effect of Managers on Firm Policies. Quarterly Journal of Economics, 2003, 118(4): 1169 – 1208.

[2] Faccio, M et al. Ceo Gender, Corporate Risk-Taking, and the Efficiency of Capital Allocation. Journal of Corporate Finance, 2016, 39: 193 – 209.

[3] Gomez-Mejia, L et al. In the Horns of the Dilemma: Socioemotional Wealth, Financial Wealth, and Acquisitions in Family Firms. Journal of Management, 2018, 44(4): 1369 – 1397.

突。基于代理理论视角的研究,一般认为股东的风险偏好水平比经营者高,高的风险承担水平总是对应着高的资本回报率,股东通常希望通过激励和监督来提升经营者的风险偏好水平,从而改善企业风险承担水平,进而提高资本回报率。

从激励的角度来看,通常认为能够通过激励手段使委托代理双方的利益一致,以减小高管与股东在风险偏好上的差距。不过持股的高管可能因为承担过多的风险而加剧其风险厌恶,从而降低企业风险承担水平。高管被解雇风险与企业风险承担水平往往被认为呈负相关关系,Cowen等的研究认为决策者离职补偿金可能通过降低对失去工作的恐惧来鼓励其风险承担,从而提高企业风险承担水平。

从监督的角度来看,大股东、董事会、机构投资者的监督能够影响企业风险承担水平的状况,如管理层面临监管压力过大,会倾向于降低风险承担,是因为管理层可能更多地忙于短期业绩考核压力,更倾向于关注短期利益的改善。如果企业有更多的长期机构投资者,对公司内部创新和风险承担水平将产生积极的影响效果。

企业行为理论是基于组织层面关注企业风险承担行为问题,认为企业组织行为表现与抱负水平之间的比较决定了他们的冒险偏好。当企业表现为低于抱负水平时,倾向于表现为风险寻求,企业风险承担水平提高;而当企业表现为高于抱负水平时,倾向于表现为风险规避,企业风险承担水平降低。研究认为,历史抱负与社会抱负差异对企业行为理论预测风险承担水平可能会产生相反的作用,即当企业绩效高于历史抱负时,风险承担增加;但当企业绩效高于社会抱负时,风险承担反而会减少①。

前景理论则是基于个体层面上进行讨论。在不完全理性和个体厌恶损失的假设上,更强调了风险承担行为带来可能的损失。该理论认为人们厌恶损失,且损失带来的不快大于同等规模收益带来的愉悦,并提出了收益情景框架和损失情景框架。在前景理论下,企业决策者倾向于采取相对于参考点(目标、规范和社会比较等)将损失最小化的行为。在低于参考点的收益情景框架下,个体风险承担水平提高;而在高于参考点的损失情景框架下,风险承担水平降低。

决策者更愿意采取保护当前个人财富(例如,来自未行使的现金期权)免受潜在损失的行动,而不是拿这些财富冒险去追求新的收益,从而承担更少的风险;但在面对雇佣风险和薪酬变化时也可能承担更多的风险,即解雇风险和薪酬激励会对管理者风险承担倾向与企业风险承担水平产生相反的影响作用②。当决策者持股比例较高且兼任董事长时,在表现不佳和表现超佳的情况下,授予决策者高价值的股票期权会导致更低水平的风险承担。当公司表现不佳时,由于外部董事期权价值的正偏差与风险承担之间的关系减弱,给予外部董事更多的股票期权会带来更高的企业风险承担水平。

---

① Kim, Ji-Yub et al. All Aspirations Are Not Created Equal: The Differential Effects of Historical and Social Aspirations on Acquisition Behavior. Academy of Management Journal, 2015, 58(5): 1361-1388.

② Larraza-Kintana, Martin et al. Disentangling Compensation and Employment Risks Using the Behavioral Agency Model. Strategic Management Journal, 2007, 28(10): 1001-1019.

风险承担研究的文献分析

风险承担发文趋势

本篇主要使用 CiteSpace 作为文献分析软件,从风险承担的发文趋势、研究者分析、研究机构、研究领域、共被引分析、研究热点等方面对 CiteSpace 可视化结果进行详细的分析,从而得出该领域十年来研究的热点,对未来的研究有重要的指向性作用。

在数据搜索中,不设置时间跨度,以便于对研究发展的脉络有明确的梳理,中文文献采用 CNKI 数据库,外文文献采用 Web of Science(WOS)核心数据库,数据下载日期为 2023 年 5 月 31 日,用于可视化数据分析。

在外文期刊中,最早的关于公司治理与风险承担的文章出现于 1991 年,这篇文章做了一个简短案例,表明了公司治理和短期主义辩论都与股东在商业中的作用有关。作者坚信"为股东创造财富"对许多公司来说是一个不恰当的目的,公司必须为股东承担的风险提供有竞争力的回报,就像公司必须为客户提供有竞争力的产品一样[1]。之后的三年均没有相关文章发表,1995 年到 2015 年在风险承担研究上的文章数量很少,但从 2015 年开始有了一段快速增长的时期,2016 年发表文章超过 50 篇,2019 年发表超过 100 篇,2022 年文章发表数达到顶峰,有 172 篇。

---

[1] Binney, G. Brief Case: Shareholder Dominance-Time to Ask If the Emperor Has Any Clothes. Long Range Planning,1991,24(6):107-109.

第一篇 概 述

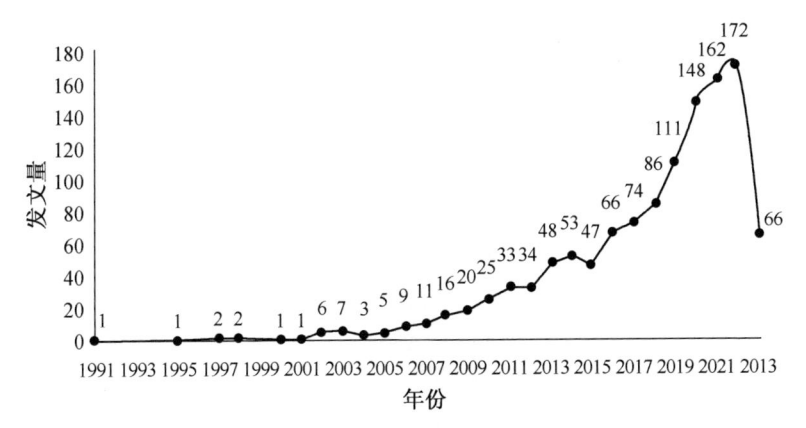

图 2 Web of Science 风险承担发文趋势

在 CNKI 数据库中,相关文章最早发表于 2000 年(手动分析后,发现 1997 年发表的文章与主题无关)。2000—2014 年这些年里发文数量增长缓慢,从 2014 年开始增长速率快速上升,在 2021 年达到发文巅峰,可以预计接下来该领域的中文文献发文数量将持续上升。中文文献的发文趋势明显滞后于外文文献,在文献数量上也比较少。但仍可以看出,近年来学术界对于公司治理与风险承担的研究热度逐渐上升,成了近期公司治理领域研究的焦点之一。

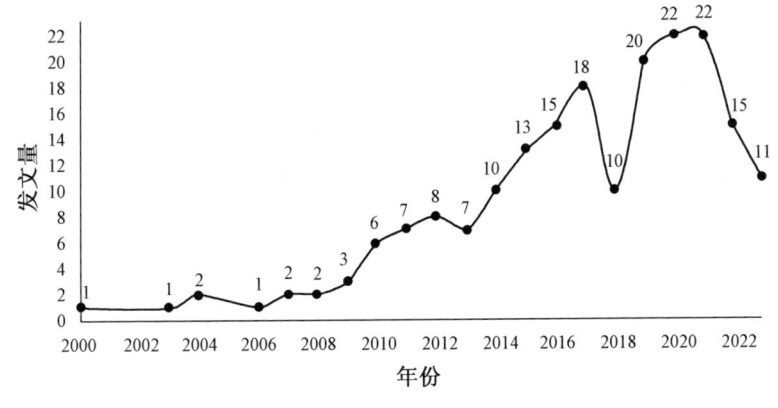

图 3 CNKI 发文趋势

风险承担的研究热点

利用 CiteSpace 的共现图谱分析得出 CNKI 的核心研究圈有关公司治理与风险承担的主要研究领域。

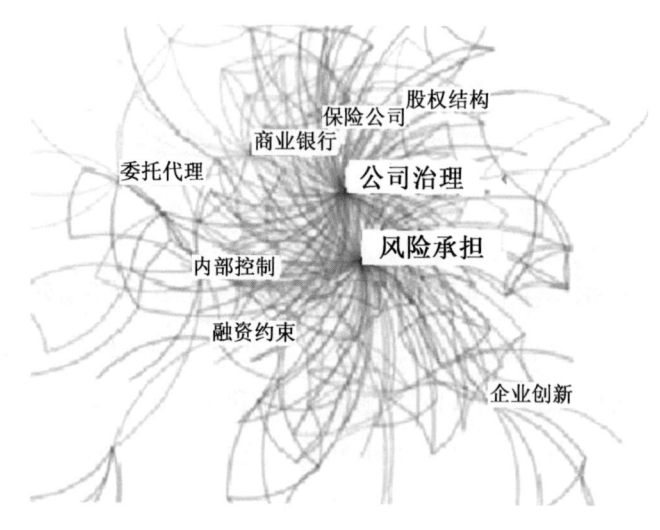

图 4　CNKI 关键词分析

从关键词共现图谱分析中可以看出，围绕公司治理和风险承担话题，国内学者的关注点主要聚焦于内部控制、委托代理、股权结构和企业创新等问题。由于中文文献的数量较少，关键词聚类效果较差，原本的关键词公司治理和风险承担就已经很明确地体现了公司治理与风险承担相关领域的研究的核心圈层了。

对 WOS 数据集进行关键词聚类。对 WOS 上 2010—2023 年发表的关于公司治理和风险承担的学术论文进行关键词共现图谱分析，发现外文文献更多地围绕财务稳定性、企业业绩、投资者保护等话题进行研究。

第一篇 概 述

图 5 Web of Science 核心数据库关键词聚类①

图中各聚类按数值从小到大所包含的文献量依次递减，本研究将 CiteSpace 中 9 个聚类的相关数据汇入表 1，借助每个聚类中的关键词定位核心研究圈对公司治理与风险承担相关的研究领域。可以看到一共产生了编号从 0 到 8，共 9 个聚类，分别为 Financial Stability（财政稳定性）、Law（法律）、Family Firms（家族企业）、Firm Performance（企业绩效）、Investor Protection（投资者利益保护）、Audit Fees（审计费用）、Executive Compensation（高管薪酬）、Gender Diversity（性别多样性）和 Corporate Social Responsibility（企业社会责任）。

本研究主要聚焦于家族企业展开后续的文献综述研究，在聚类 2 家族企业中可以看到 Corporate Governance（公司治理）、Institutional Shareholders（机构投资者）、Social Emotional Wealth（社会情感财富）、Financial Performance（财务业绩）、Controlling Shareholder（控股股东）、Business Group（商业集团）、Business Case（商业案例）、Climate Change（环境变化）等关键词，这些关键词反映了近年来有关家族企业公司治理问题的研究热点。

---

① 图中字体重叠，详细内容请见表 1。

表 1 WOS 关键词聚类汇总

类	类序号	规模	主要话题
Financial Stability	0	79	corporate governance; bank leverage; financial crises; financial stability; law enforcement	financial crisis; executive compensation; managerial incentives; asset risk-taking; compound options
Law	1	77	corporate governance; firm performance; family firms; competitive advantage; managerial motives governance; risk; performance; firm; market
Family Firms	2	76	corporate governance; a performance extremeness; institutional shareholders; social emotional wealth; financial performance	family firms; controlling shareholders; business group; business case; climate change
Firm Performance	3	63	corporate governance; a performance extremeness; institutional shareholders; export behaviour; excess perk consumption firm performance; investment; upper echelon; earnings management; determinant
Investor Protection	4	62	corporate governance; information; liquidity; model; to market	institutional investors; firm performance; corporate policies; informational efficiency; short-sale ban
Audit Fees	5	61	corporate governance; earnings management; firm performance; risk aversion; upper echelon	agency theory; stakeholder theory; audit committee; family control; board committees
Executive Compensation	6	58	corporate governance; CEO compensation; dividend policy; behavioral agency; pension funding	executive compensation; risk management; managerial incentives; social capital; financial crisis

(续表)

类	类序号	规模	主要话题
Gender Diversity	7	56	corporate governance; Chinese firms; corporate risk; relation-oriented diversity; corporate financial performance｜gender diversity; independent female directors; state control; accounting fraud; political ties
Corporate Social Responsibility	8	15	corporate governance; financial performance; financial institutions; responsible corporate conduct; public goods corporate social responsibility; a premium; financial institutions; ownership structure; responsible investment

在 CiteSpace 中选用 Reference 选项进行分析，设置 Threshold 等于 20 可以得到被引文献图谱。图 6 显示了在公司治理与风险承担领域的高被引文献。图中各文章字号大小按照被引频率大小从大到小递减。被引最高的前 5 篇文献汇总于表 2 中，可见其主要发表于公司金融类期刊。

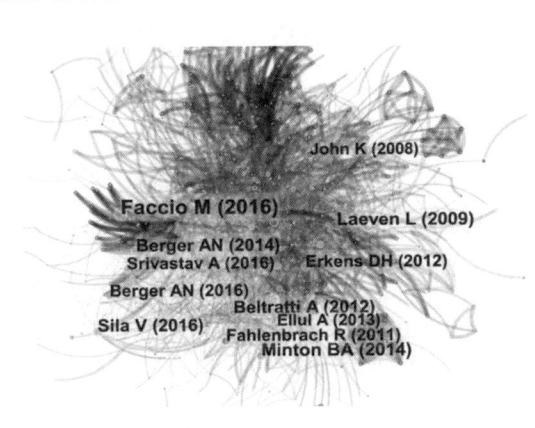

图 6　共被引文献分析

Laeven & Minton 都以银行作为研究对象,关注股东特征与风险承担的关系,研究银行的风险承担与股东的比较能力,证明所有权结构、所有权集中对银行的一些风险承担行为有显著的影响。Minton 证实了美国银行独立董事的财务专业知识与金融危机期间的风险承担及较差绩效表现密切相关。

表2 高被引文章(被引频率大于30)

引用次数	文献标识	DOI
59	Faccio M, 2016, J CORP FINANC, 39, 193	10.1016/J.Jcorpfin.2016.02.008
37	Laeven L, 2009, J FINANC ECON, 93, 259	10.1016/J.Jfineco.2008.09.003
35	Minton BA, 2014, J FINANC QUANT ANAL, 49, 351	10.1017/S0022109014000283
35	Berger AN, 2014, J CORP FINANC, 28, 48	10.1016/J.Jcorpfin.2013.11.006
32	Sila V, 2016, J CORP FINANC, 36, 26	10.1016/J.Jcorpfin.2015.10.003
31	Beltratti A, 2012, J FINANC ECON, 105, 1	10.1016/J.Jfineco.2011.12.005

Faccio 研究得出,女性决策者经营的公司比男性决策者经营的类似公司杠杆率更低,收益波动性更小,生存机会更高。此外,从男性决策者到女性决策者的转变(反之亦然)与企业承担的经济风险和统计显著减少(增加)有关[①]。高管团队的年龄、性别和教育背景构成影响金融机构的投资组合风险,使用德国银行高管群体强制高管

[①] Faccio, M et al. CEO Gender, Corporate Risk-Taking, and the Efficiency of Capital Allocation. Journal of Corporate Finance, 2016, 39: 193-209.

退休的差异性估计,证明了年轻的高管团队增加了投资组合风险,董事会变动也增加了女性高管的比例,尽管后一种影响在统计和经济意义方面都较弱;相反,当董事会增加持有博士学位的高管作为董事会代表时,投资组合风险就会下降①。但 Sila 等分析董事会性别多元化与公司风险之间的关系时,实证结果并不支持女性董事会代表会影响股权风险②。这三篇文章都聚焦高管团队的异质性问题,可以看出热点论文对董事会结构的研究是比较多的。

由于中文文献的聚类效果较差,无法形成突变,在研究热点这部分本研究主要分析 WOS 核心数据集的内容。对 WOS 进行关键词分析后在控制面板中选中 Layout,更改 Visualizations 类型为 Timeline View,生成关键词时间线图。

时间线图集成的 9 个聚类随着研究时间发展的关键词变化,但是关键词数量过多则难以清楚地看出研究热点的演变,在时间线图的基础上我们选择 Burstness 进一步分析。

从图 7 中可以清楚地看到,在公司治理与风险承担研究的早期,研究热点主要集中在市场上,在 2009—2014 年,研究热点突变到了法律与董事会结构方面;在 2017 年与 2018 年,研究者更多地关注了收益管理方面;2018 年之后,政府、机构、企业社会责任等成了该领域的热点研究内容。

基于前文的 CiteSpace 可视化分析,我们进一步聚焦在家族企业风险承担这一主题上,主要从家族企业的风险承担水平研究和家族

---

① Berger, A et al. Executive Board Composition and Bank Risk Taking. Journal of Corporate Finance, 2014, 28: 48 - 65.

② Sila, V et al. Women on Board: Does Boardroom Gender Diversity Affect Firm Risk?. Journal of Corporate Finance, 2016, 36: 26 - 53.

Keywords	Year	Strength	Begin	End	1991-2022
market	1991	5.05	1995	2011	
law	1991	4.73	2009	2014	
board composition	1991	5.91	2010	2014	
earnings management	1991	4.06	2017	2018	
state	1991	3.74	2017	2020	
institution	1991	3.77	2019	2022	
islamic bank	1991	3.52	2019	2022	
corporate social responsibility	1991	6.44	2020	2022	
csr	1991	3.91	2020	2022	

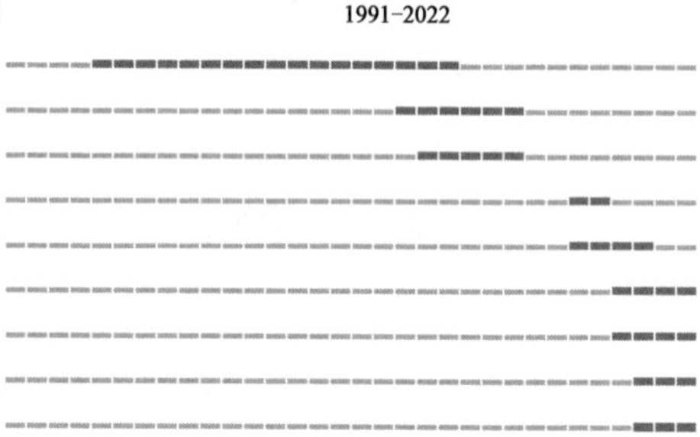

图 7　研究热点突变图

企业风险承担的经济后果两个研究方向展开。

家族企业的风险承担水平研究

风险承担是一类无法直接观察的变量,因此我们需要通过某些指标间接地对它进行测量。通过查阅文献,本研究总结出常用于测量风险承担行为的 3 种方法:企业业绩波动性指标、企业决策行为和问卷多维度调查。

在有关企业业绩波动性指标方面,常用的指标有企业盈利波动性指标(通常采用 ROA)、股票日(或周、年)收益率方差、贝塔系数。考虑到股票收益率方差和贝塔系数在我国资本市场可能会受到相关政策的影响,因此在研究我国上市公司时更偏向于应用企业盈利波动性指标会更加准确。在评价商业银行的风险承担时,还会用到资产资本比率、贷款损失准备与贷款总额比和 Z 值。在以往研究中,企业盈利波动性指标是运用次数较多的指标,学者们通常用 3 年或 5 年的波动率进行测量,有时也会联合其他测量指标共同构建风险承担指标。企业业绩作为反映企业价值的主要构成部分,还是可以相对全面地反映企业的风险承担情况,但是业绩也存在着被操纵的嫌疑,因此在运用时也要注意相关的其他指标的表现。

在有关企业决策行为的指标方面,有学者利用投资资金和并购构建企业风险承担的测量指标。Daniel 等认为更高的研发成本和更高的杠杆率会转化为更高的企业风险,而更高的资本支出往往意味着更低的企业风险,并购频率或次数也可以转化为企业风险承担的测量指标。这些指标主要关注于企业在某一个方面的风险承担程度,并不能较为全面地衡量企业作为总体的风险承担程度,而在单独研究企业创新方面以及企业并购行为的创新行为的风险承担时则较为准确。

还有学者通过问卷的形式对风险承担进行衡量,Dewett、董保宝等设计了一个李克特 7 级刻度量表来测量企业的风险承担。通过问卷调查,能够更加全面地了解特定企业的风险承担行为,在研究特定上市企业的时候会更加准确,同时也考虑了管理者的风险承担意愿。其缺点是普适性较低,可能受文化背景等因素影响。

表3 风险承担测量方法

数据类型	类型	具体指标	文献
二手数据	业绩波动性指标	企业盈利波动性指标	John et al.,2008;Faccio et al.,2011;李小荣,2014;余明桂等,2016
		股票日(或周、年)收益率方差	Coles et al.,2006;Low,2009;王栋和吴德胜,2016
		贝塔系数	Anderson et al.,2003;张敏等,2009
		资产资本比率	Francis & Osborne,2012
		贷款损失准备与贷款总额比	项后军,2017
		Z值	谭政勋和李丽芳,2016

(续表)

数据类型	类型	具体指标	文献
	企业决策行为	资本支出 并购频率或次数	Daniel et al.，2006 王姝勋，2020
一手数据	问卷类指标	李克特量表	Dewett，2007；董保宝，2014；张峰和杨建君，2016

家族企业风险承担的经济后果

关于家族企业风险承担的经济后果，现有研究主要围绕企业创业导向、创新研发投入和企业国际化等方面。Arzubiaga 等指出，企业创业导向（EO）反映企业追求创业活动的承诺、能力和抱负，是家族企业在当今多变和动态的商业环境中寻求成功和长期发展的重要条件。而研究创业导向的维度组成时，无一例外都有风险承担这个维度。Huybrechts 等认为家族企业倾向于规避创新行为导致的风险，而不利于创新投入；资源依赖理论认为家族企业的股权和人力资本不多元化可能会促进风险规避，导致创新活动边缘化。在企业国际化问题上，Lin 的研究支持家族企业倾向于风险规避，愿意通过促进国际化来分散企业经营的市场风险；但 Gomez-Mejia 等提出家族企业在国内和国际上的多元化程度都低于非家族企业，家族企业的国际化水平往往低于非家族企业，他认为家族企业的风险规避可能使其在国际化战略上更为谨慎，即使家族企业选择国际多元化战略时，也更倾向于选择"文化上接近"的地区。

Dev R. Mishra 的研究支持在家族企业中，一个主要股东的存在与较低的企业风险承担关系更为显著，而存在多个大股东或投票权分散的企业中,风险承担水平相对更高。Andy Lardon 通过对比利时家族企业数据进行实证研究发现,拥有外部决策者的家族企业倾向于外部风险承担(主要指创业风险承担),为平衡风险去降低财务风险,而使债务水平较低;而家族企业董事会则会出于保护社会情感财富的目的对此进行调节——董事会进行的家族控制会削弱外部决策者对外部风险承担的正相关关系和债务水平的负相关关系,且对长期债务水平的调节作用比短期债务水平更明显。

表4 家族企业风险承担的经济后果

企业创业导向	EO 反映企业追求创业活动的承诺、能力和抱负,是家族企业在当今多变和动态的商业环境中寻求成功和长期发展的重要条件,而研究 EO 的维度组成都有风险承担维度(Arzubiaga et al.,2019)。
创新研发投入	家族企业倾向于规避风险而不利于创新投入(Huybrechts, Voordeckers, & Lybaert, 2013)。 另外,家族企业的股权和人力资本不多元化可能会导致风险规避,导致创新活动边缘化(Shleifer & Vishny, 1997)。
企业国际化	家族企业倾向于风险规避而促进国际化来分散风险(Lin WT, 2012),但家族企业的国际化水平往往低于非家族企业,非经济因素的保存可以作为潜在的抑制因素(Gomz-Mejia et al.,2010),例如,心理距离(G. Baronchelli et al.,2016)。

公司治理与风险承担

风险承担行为是研究公司决策行为中的热点话题,例如,公司的现金流管理、创新管理等决策与企业风险承担息息相关。各种类型的风险承担行为背后的驱动因素来自企业内、外部环境的各个方面。

本研究主要聚焦于公司治理的各种因素对企业风险承担的影响。

董事会与风险承担

企业在不断发展壮大的过程中，由于资源依赖的需要，创始人或团队会不断地对外寻求融资。同时，由于创始人管理能力和精力的有限性，不可避免地导致企业在长大过程中出现所有权和经营权的分离，拥有经营权的管理者的败德问题也因此产生。在代理理论的视角下，解决现代企业第一类代理问题的基本逻辑就是股东监督、约束和激励管理者行为，希望管理者能够像股东一样思考。但随着企业不断地发展壮大，企业股权越来越分散，股东越来越多，谁来行使这监督和激励的权力呢？从公司法的角度出发，企业股东大会是最高的决策权力机构，全体股东都拥有监督管理者的权力和义务。但在实际的操作过程中，让所有的股东都参与到对管理层的监督是很难的。所以在实际的公司治理实践中存在一个很重要的公司治理机构，就是董事会。董事会是由所有股东选出的代表构成的，股东选择这些代表来行使对管理层的监督和约束权力。

作为公司治理结构的核心，董事会代表全体股东行使对管理层的监督，那么董事会的构成对监督职能的行使有很重要的影响。比如董事会的规模，从资源依赖的角度来看，董事会的规模越大，也就是董事会的人数越多，能够为董事会提供的资源和信息越充分，那么对管理层的监督职能也将执行得越好。但是，对于董事会规模的作用，目前学者并没有形成统一的结论。因为从团队合作的角度，董事会也是一个团队，团队规模越大，团队内部可能产生的冲突也就越多，这样反而会降低团队的工作效率，进而影响董事会的监督的质量。比如在大规模的董事会当中，有的董事可能会出现搭便车的行为,也有的董事可能会因为其特殊的股东地位而独断专行。

董事会的监督职能主要是避免管理层做出有损于股东或其他利益相关者的决策,那么董事会内部的结构特征也是一个重要的影响因素,比如董事会的独立性。董事会成员可能来源于企业的内部和外部,分为内部董事和外部董事。企业的内部董事一般是参与企业管理的股东方代表,如果企业的股东参与管理,同时又作为董事会成员监督管理者,显然这种情况下董事会的监督职能会被削弱。现代企业中的两职合一就是一个典型的现象,如果董事长和总经理两职合一,那也就意味着监督方和管理方的领导是同一个人,这时管理层的行为选择将会有很大的自主权。

在两权分离的背景下,管理者可能出现道德风险和逆向选择问题。由于管理者和股东之间的目标不一致,承担的风险也不同,管理者实际上是在用股东的财务资源运转企业,管理者对企业剩余价值的索取权是有限的,那么他们就极有可能进行对自己有利的高风险的投资行为,或者为了保住当前的工作机会而进行短期主义的投资。因此,董事会的规模、结构等特征对企业的实际的风险承担有至关重要的影响。

董事会对管理者的监督主要是解决公司治理的第一类代理问题,而现代企业制度下公司往往还存在着第二类代理问题,即剥夺型公司治理问题。股东在对企业进行投资的同时,因为股东拥有的是最后剩余索取权,他们在企业运行的过程当中承担很大的风险,所以很多投资人并不想把鸡蛋放在同一个篮子里,而是进行分散投资。这种倾向导致现代企业的股权越来越分散,在有的公司中,持股 5%可能就是最大股东。那么此时公司中所有的股东都没有很大的动力去监督管理者,他们更想从其他人的监督行为中获取收益,这就导致了典型的企业内部人控制问题。

股权特征与风险承担

根据公司法赋予股东的权利,股东享有企业的收益分配权、决策权等一系列的权利。从公司治理的角度看,企业的决策要么是由股东直接做出,要么在股东的监督下由管理者代为行使,不同类型的股东对决策或监督权力的动机和目的存在显著的差异,所以企业不同的股权特征和股权结构与企业的决策行为风险承担密切相关。

在已有关于股权结构与风险承担关系的研究文献当中,主要的视角聚焦于股权集中度、制衡度以及政府持股对风险承担的影响。近年来,开始有学者把目光投向于股权的异质性、多元化等对公司风险承担的影响。股权集中度对于公司风险承担的影响存在着不同的解释逻辑,主要是"监督效应"和"侵占效应"。在股权极度分散时,各个小股东难以对管理层进行有效的监督,管理者掌握着公司真正的控制权,委托代理问题会被加深。而当股权集中度较高时,大股东会积极地发挥对管理层的监督作用,减少管理层机会主义行为导致的低水平的风险承担,使他们在做决策选择时更多地依从自己的目的。对于我国国内银行的研究也表明,银行大股东的确有着偏好高风险项目并期望以此提高公司绩效的倾向,但是也有研究表明大股东持股比例偏高会降低公司风险承担。因为大股东的利益是与公司利益牢牢绑在一起的,一荣俱荣,一损俱损。也就是说,其利益与公司利益的高度一致性会让他们自己的利益在公司利益发生损失时也受到较大的波及,所以为了避免这样的情况,他们可能会做出比较保守的决策。

集中的股权可能会让大股东权力过大而独自决定重大决策,甚至利用控制权侵占掠夺中小股东的利益以使自己得到私利,使公司的风险承担升高。通过对银行股权结构和股东决策倾向之间的研究也发现,银行存在控股大股东时,公司决策有明显的风险倾向[1]。当大股东的现金流权提高时,两权的分离程度降低,大股东是公司风险的承担中心,此时,公司大股东会转向保守项目以规避风险,防止公司因风险承担过重而引发危机。

有学者发现股权特征与企业风险承担的关系不一定是简单线性的。比如在公司股权过度分散的情况下,股东的持股比例普遍很低,如前文所述股东间的搭便车行为就会比较严重[2]。这种现象表明,股权集中度对风险承担的影响不是线性的,而是一个倒 U 型曲线关系。比如在第一大股东持股比例从 5% 增加到 20% 的过程中,"搭便车"心理会逐渐减弱,他越来越倾向于主动去服务于企业。但是从风险承担的角度,在 5% 持股比率的情况下,股东如果做到了很好的风险分散,他并不介意当前企业的风险承担行为,而是更可能倾向于鼓励企业去做高风险承担行为,进而获得更高的投资回报。在股权集中度持续升高达到一定程度后,大股东已经有足够的能力为自己争取利益,对高风险项目的欲望不再那么强烈,而更希望从事风险低的项目以维持自己的私人利益。

随着持股比例的增加,第一大股东对企业的实际控制权越来越高,第一大股东的风险偏好越来越能反映企业的风险承担水平。这时,股权制衡度对大股东的实际控股能力有着非常重要的影响。如

---

[1] Saunders A, Strock E, Travlos N G. Ownership Structure, Deregulation, and Bank Risk Taking. Journal of Finance, 1990: 45.

[2] Magalhaes R, María G U, Tribo J A. Banks' Ownership Structure, Risk and Performance. Social Science Electronic Publishing, 2010.

果公司存在多个持股比率相当的股东，股权制衡可以使各个大股东之间相互监督和约束，对第一大股东的行为就会起到一定的限制作用，减少控股股东对公司资源的掏空和对其他股东利益的侵占。股权制衡度较低时，大股东可能会为了谋求自己利益的最大化而利用自己的控制权去操纵管理者投资高风险项目。但随着股权制衡度的提高，公司存在多个大股东，控股股东的相对控股能力就会降低，对其他股东的掠夺也会受到阻碍，公司的经营风险也会随之下降。

但是Faccio的研究得出了不同于上述的结论。他们发现在股权制衡度较低时，控股股东不受其他大股东的制衡，公司的决策反而更倾向于保守。而当公司大股东数量增时多，由于大股东们也会参与公司的决策过程，控股股东的保守投资行为才得以限制。除此之外，大股东之间不仅存在着相互监督的关系，也可能会形成相互合谋的情形。即当多个大股东之间存在着关联利益时，他们可能会合谋侵占其他中小股东的利益，这种情况下，股权制衡度偏高也会导致企业投资过度。

外部治理机制的作用

公司治理机制由内部治理机制和外部治理机制两个部分构成。企业在运转的过程当中，股东和管理层是企业内部主要的决策参与者，但是企业的外部利益相关者也会对企业的决策产生影响。从宏观来看，企业与所处的外部环境不可分割，外部环境的变化会引起企业对其产生相应的反应，随之形成一系列公司外部治理机制。

比如控制权市场，随着企业的发展和壮大，越来越多的外部股东进入企业，这些外部股东对企业的话语权会随着持股比率的增加而增加。当他们感觉到自己的利益受损而又没有足够的话语权时，就会选择"用脚投票"①。企业内部的决策者可能因为外部股东的改变而被削弱或者被失去决策权。

例如,政府以及社会制度环境,政府可以通过对企业进行补贴或调整税收政策来鼓励或限制企业的某种风险承担行为。法制环境和文化也是企业决策行为的重要约束条件,比如股东的产权是否能够得到充分的保护,股东的股份是否能够在市场中得以充分的流通,企业的剩余价值是否能够被妥善地保护,这些因素都会影响股东的风险决策。社会网络也会影响到企业的风险承担,社会网络作为一项非正式制度安排,社会网络自身的资源配置效应会为企业带来更多的低成本资源,在社会缺乏完善法律机制时,企业会更倾向于利用社会网络寻找稀缺资源。除此之外,媒体、第三方评估机构、经理人才市场等都会对企业的行为产生影响,也是重要的外部治理机制。

重要文献

[1] Arzubiaga, U. Entrepreneurial Orientation in Family Firms: New Drivers and the Moderating Role of the Strategic Involvement of the Board. Australian Journal of Management, 2019, 44(1): 128-152.

[2] Huybrechts, J. Entrepreneurial Risk Taking of Private Family Firms: The Influence of a Nonfamily Ceo and the Moderating Effect of CEO Tenure. Family Business Review, 2013, 26(2):

---

① "用脚投票"的通俗解释是形容人们通过行动来表达自己的意见。在股票市场上,"用脚投票"表示股东卖出股票的行为。

161-179.

[3] Shleifer, A. A Survey of Corporate Governance. The Journal of Finance, 1997, 52(2): 737-783.

[4] Gomez-Mejia, Luis. Diversification Decisions in Family-Controlled Firms. Journal of Management Studies, 2010, 47(2): 223-252.

[5] Lardon, A. Outside CEOs, Board Control and the Financing Policy of Small Privately Held Family Firms. Journal of Family Business Strategy, 2017, 8(1): 29-41.

[6] Francis, W B, Osborne M. Capital Requirements and Bank Behavior in the UK: Are There Lessons for International Capital Standards?. Journal of Banking & Finance, 2012, 36(3): 803-816.

[7] Acemoglu, D. Politics and Economics in Weak and Strong States. Journal of Monetary Economics, 52(7): 1199-1226.

[8] 毛其淋,许家云.政府补贴对企业新产品创新的影响——基于补贴强度"适度区间"的视角.中国工业经济,2015(6):14.

[9] 张敏,童丽静,许浩然.社会网络与企业风险承担——基于我国上市公司的经验证据.管理世界,2015(11):161-175.

第二篇 资源依赖理论与家族企业治理

资源依赖理论的演化

自1978年费佛尔和萨兰奇科发表《组织的外部控制：一种资源依赖的视野》已经四十余年。在这段时间中，有关该著作中提及的以资源依赖理论去阐释组织内部与外部其他势力相互关系的研究被经济学家及管理学家们不断延伸。资源依赖理论转变了以往组织分析的重点，该理论认为企业能够正常运行必须要有基本的人、财、物等相关资源，除此以外还要有必需的合法性。而组织之所以需要资源依赖，是因为组织的核心目标是生存，生存需要资源，但随着市场复杂性的日益增加，组织通常无法自给自足，便需要依赖外部环境的因素以获取资源。这些因素中包含大量其他组织，因而组织的资源依赖往往表现为焦点组织与其他组织之间的依赖关系。

Salancik等归结出组织依赖程度的3个决定因素：资源对于组织的重要性；组织内部或外部群体对资源的使用程度；资源可替代性。当企业没有找到资源的替代者时，拥有资源的强势一方会对依赖资源的弱势一方造成显著影响，产生"力量失衡"问题。国内学者基于力量失衡概念，研究了家族企业中资源依赖对威权领导与经理人之间反馈寻求行为的调节作用:当领导掌握经理人绩效等方面的关键信息,使经理人对其依赖程度较高时,经理人不得不扮演服从角色,继续向领导反馈信息,使威权领导对经理人反馈行为的影响并不明显。根据费佛尔的假设,资源依赖理论作为权力理论的延伸,其首要命题就是对权力的探讨。

基于上述前提,资源依赖理论以这种组织间的相互依存关系去解释为什么组织会作出不同类型的行为决策。受到这种相互依存关系的影响,组织内部可能会受到外部其他组织的介入或影响,皆因组织无法预计与组织的相互依存体的具体想法及行动。这种不确定性会导致组织的自主性受到一定的冲击威胁,故此,组织将会采取一系列的行动去降低不确定性。但这种决策行动是不可能一劳永逸地解决资源依赖所带来的问题,甚至有可能产生新的相互依赖模式。以往主要依靠内部资源治理与发展的家族企业,近年来在面对日益激烈的竞争与复杂的市场环境时,也逐渐采取诸如国际化等与外界交互的举措。这意味着家族企业对外部资源的需求或依赖将越来越严重。

资源依赖理论发展的另一个关键节点是2009年,希尔曼全面审视该理论的概念发展、实证研究和应用,总结了过去的工作,同时综合了当代思想并提出了未来的研究方向。该篇回顾针对组织用以最大限度地减少对环境的依赖而采用的5项不同决策(合并/垂直整合;合资企业和其他组织间关系;董事会;政治行动;行政继任),综述了1978—2009年30年的相关研究。通过整合概括,希尔曼认同费佛尔和萨兰奇科最初的观点,即依赖于环境的公司可以制定多种策略以应对因资源依赖而产生的不确定性。

资源依赖理论与公司治理文献分析

国内外学者通过资源依赖理论认识到外部因素对组织行为的影响,并展开了资源依赖理论如何在现实层面上具体地影响组织决策的研究。对数十年间的学术文献进行可视化分析,可以得出目前资源依赖理论的重要研究的发展方向。

基于资源依赖理论而进行的可视化分析需要大量文献资料,本研究使用 CiteSpace 软件,在 CNKI 以"资源依赖理论"和"公司治理"为检索条件,在 WOS 核心合集中"Resource Dependency Theory"和"Corporate Government"为检索条件,收取 348 篇 CSSCI 的期刊以及 932 篇 WOS 的文章作为可视化分析对象,分别进行发文趋势、关键词聚类分析。如图 8 所示,有关资源依赖理论应用在公司治理层面上的文献在过去的 20 年中,其文献总数大体上呈现的是增长的趋势,说明关于公司治理和资源依赖理论之间的研究热度一直在不断上升,2020—2021 年度热度上升到一个高峰,其后通过分析近年来的文献主题分布可以看出,在先前关联的主题中,除了资源依赖的基本理论之外,有关董事会结构的研究亦是重中之重,这表明其在董事会的结构等属性研究中也占据着企业治理研究领域中重要的一环。

图 9 中关键词聚类所呈现的结果显示,独立董事、董事会和公司绩效与公司治理的关联性较强。这说明关于公司治理、公司绩效的研究内容和董事会、独立董事等内容有着很高的相关性,这也为我们后来的研究展望指明了方向。

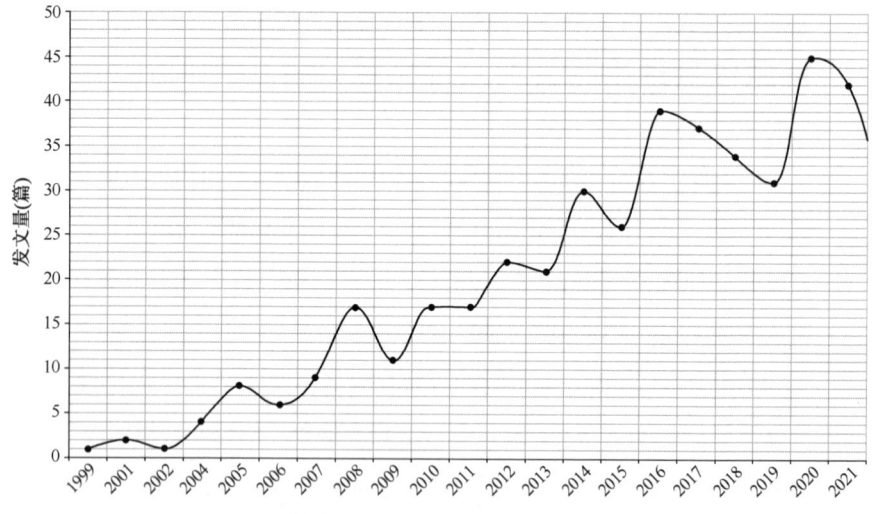

图 8　1999—2021 年发文趋势

图 9　关键词聚类结果

家族企业资源的依赖路径

资源依赖理论的一个主要命题是对减少外部资源依赖途径的探究，Hillman 等提出了 4 种减少外部资源依赖的选择：战略联盟、政治行为、高管继任和董事会。

战略联盟。费佛尔等在吸收霍利的人类生态学观点之后,将组织间的互依性区分为共生性互依(交换资源以维系生存的组织)与竞争性互依(相同市场竞争的组织),认为组织可以通过并购、合资或其他联盟形式来应对互依性问题。考虑到单个企业难以拥有在多个市场有效竞争所必需的全部资源,以及部分资源具有不完全替代、不可移动的属性,以资产合资(EJVS)为代表的战略联盟可以有效解决协调成本。

政治行为。家族企业获取政治联系的方式多表现为以下四种:一是少数掌握公共资源的政治独裁或寡头家族通过自己的家族企业进行寻租活动;二是与政治势力结交或者联姻;三是家族成员在事业取得一定成功后将兴趣转移到政治层面;四是担任各级人大代表或政协委员获得政治联系。从资源依赖角度看,政治联系是组织的一种无形且强大的资源。当企业发展遇到困境或危机时,更容易受到来自政府部门的关注和扶持;在行业准入和进入壁垒方面,建立政治联系的企业也更具优势。当制度水平较低(如政府不够廉洁,法律体系不够有效)、家族涉入程度较高时,家族企业更可能通过政治联系来保护产权。

高管继任。在家族企业内高管继任主要表现为所有权和管理权向二代成员的转移。事实上,家族企业的传承不仅考虑亲缘、创始人偏好等因素,还会关注候选人所拥有的资源与企业战略需求的匹配程度。拥有更强的社会资源和社会关系网络的家族成员更容易成为候选人。

董事会。家族企业在选择董事会成员时,通过引进能够最大化地向组织提供生存所需的重要资源的内部管理层与外部投资者(非家族成员),来达到维持企业发展的目的。成长期的企业处于规模扩张阶段,生产日趋复杂,所需资源愈发多样,因而此阶段家族企业董事会中的外部董事比例也会相对较高;而成熟期的企业已在市场中确立自身的竞争地位,对外部资源依赖程度下降,董事会的职能从资源支持转为控制监督,外部董事比例下降[①]。

随着近来各界对企业社会责任问题的愈发关注,社会责任的履行有利于企业吸引投资者与债权人的财务资源、优秀员工的人力资源和顾客与供应商的市场资源等,为企业风险承担水平的提升增加资源基础。企业社会责任成了第五种减少资源依赖的途径,进一步丰富了资源依赖理论的内容。

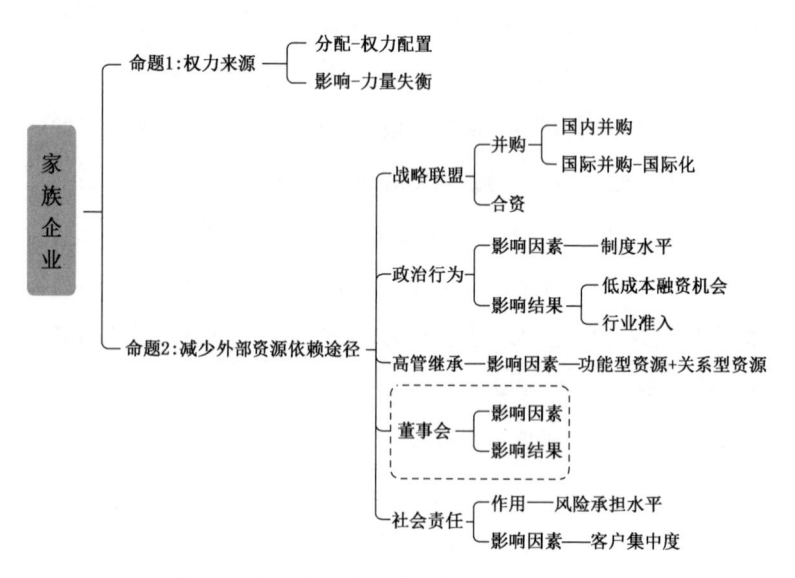

图10 家族企业减少外部资源依赖途径框架

---

① 谭劲松,曹慧娟,易阳,等.企业生命周期与董事会结构:资源依赖理论的视角.会计与经济研究,2017,31(06):3-24.

董事会与家族企业绩效

董事会作为现代公司治理机制的核心,其结构并不是随机独立的变量,而是组织应对自身生命阶段与外部环境压力的理性反应。诸多文章讨论董事会在提供企业控制关键环境所需资源方面的重要作用,认为家族企业董事会与家族企业经营绩效密切相关。我们梳理了家族企业董事会与企业绩效方面的研究,主要内容的理论框架如图 11 所示。

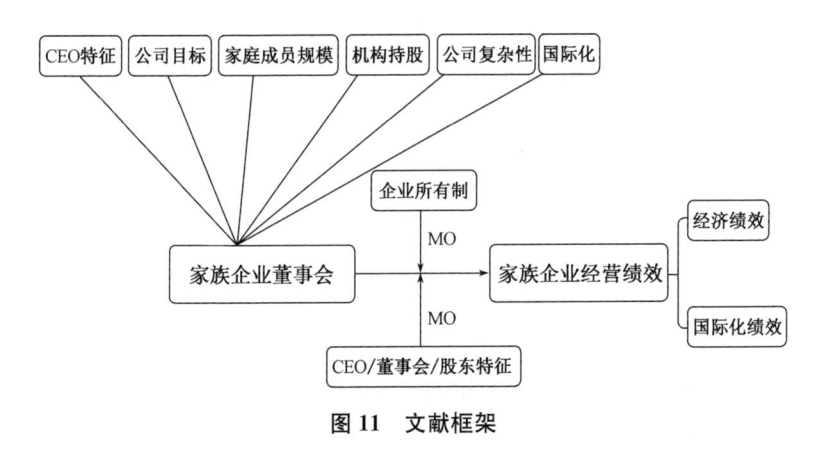

图 11 文献框架

有学者基于比利时中小家族企业的样本,从 CEO 特征与公司目标的视角对企业是否拥有外部/非家族董事会进行了阐释。CEO 特征方面,当家族企业管理需求无法满足时,董事会通过聘用、吸纳非家族董事以提供咨询活动。CEO 的受教育程度越高,更有可能部分替代董事会的咨询活动,对外部咨询顾问的需求相应减少。公司目标方面,Ward 提出在多代人的企业中,随着家庭规模的扩大,公司目标也日益多元,对于专注于家庭相关目标的家族企业,家族成员作为

"保持家庭性格"的重要代表,会倾向于让更多家族成员担任董事职位,相反,专注于商业导向型目标的家族企业则更有可能拥有外部董事会①。

基于韩国上市公司的数据,公司复杂性与嵌入式控股股东会影响董事会规模。随着内部业务活动与外部商业环境的日益复杂化,一方面,主动适应的公司基于资源的需要,会随着公司复杂性的增加而扩张董事会规模;另一方面,考虑到重要的商业策略(如合并、收购)需要得到董事会一定比例的表决批准,对于寻求实施商业计划的控股股东来说,大型董事会可能是一种负担,因此,权力越大的控股股东越会付诸控制董事会规模的行动。

对于家族企业董事会所指向的企业绩效,既有研究可主要分为经济绩效与国际化绩效两个方向。关于企业经济绩效的研究,大体可分为 ROA、现金持有、杠杆率和环境绩效四个方面。其中,使用 ROA 作为因变量研究的文献最多。Jackling 研究了印度公司内部治理结构和财务绩效之间的关系,一方面,拥有多个外部董事职位的董事的公司,忙碌程度较高,无助于增加网络和资源可及性的价值,对绩效有负面影响;另一方面,较大的董事会规模相较于小型董事会将带来更大的知识深度,有利于提高决策质量;同时,越大规模的董事会也意味着越高的外部环境暴露程度,有利于各种资源的获取,进而有助于企业绩效的提高②。除了将董事会规模作为自变量研究外,

---

① Voordeckers, Wim, Anita Van Gils, et al. Board Composition in Small and Medium-Sized Family Firms. Journal of Small Business Management, 2007, 45(1): 137-156.

② Jackling, Beverley, Shireenjit Johl. Board Structure and Firm Performance: Evidence from India's Top Companies. Corporate Governance—An International Review, 2009, 17(4): 492-509.

Maseda 使用 369 家西班牙家族中小企业的调查数据发现,家族企业董事会中外部董事比例与企业绩效之间呈倒 U 型关系,外部董事的均衡存在有助于家族中小企业的价值创造;且由于一代人的积累,下一代相较上一代对外部知识、网络、专业知识、声誉和获取外部资源以补充管理能力的需求显著下降,董事会中外部董事的最佳比例随着代际的传承而呈下降趋势,第二代家族企业的最佳外部董事比例为 39%,第一代最佳比例为 47%。

很多文献研究家族企业股东现金持有和企业债务决策的问题。公司持有现金的多少,既反映公司的流动性与偿债能力,也反映公司对资源的利用效率,虽多多益善,但过犹不及。Mengyu 选取 2006—2017 年巴基斯坦 100 家上市家族企业数据,通过固定效应和 GMM 估计发现,董事会成员的财务专业知识越丰富,越懂得如何有效地利用资金投资,因而对家族企业的现金持有存在显著的负面影响。如 Min 所述,控股股东为了减少董事会层面的决策阻力,倾向于控制董事会规模,这也预示了较大的董事会规模会提高统一表决意见的难度与成本,利用现金资源的决策可能被搁置,从而有利于家族企业的现金持有。

杠杆率反映了企业的负债水平,适度的杠杆有利于获取所需资金进行建设,加速企业发展;但负债率过高也潜藏了较高的偿债与财务风险。Poletti-Hughes 结合资源依赖理论与社会情感财富理论发现,家族控制对企业债务决策的影响受到董事会这一内部治理机制的调节。当家族所有权水平较低时,所有者会使用较高的杠杆来保持家族对企业的控制,一旦他们的社会情感财富在较高的所有权水平中得以满足,就会降低杠杆,实行保守的融资政策。这一倒 U 型关系受到董事会质量和性别多样性的负向调节。一方面,经验丰富的董事会成员会降低家族所有者增加杠杆率的动机;另一方面,女性董事由于对专业知识和咨询效率的贡献,也会负向调节家庭所有权对杠杆率的影响,尤以女性独立董事比例更加明显。因为家族控制强化了公司的结构性力量,内部女性董事更可能服从家族的意见,进而与其他家族成员串通,无助于对杠杆率的负向调节[①]。

事实上,无论是ROA、现金还是杠杆率,均是从企业的财务绩效着眼。随着近年来国际对环境保护越来越重视,国内"十四五"规划对"碳达峰""碳中和"政策的战略部署,国内外政界对环境问题的日益重视也引起了学界对家族企业绿色经济绩效的关注。

女性董事可能对管理问题有更深入的了解,有助于董事会更有效地执行与企业社会责任和利益相关者的任务。女性对环境的保护态度更明显,比男性更有可能具有生态意识。已有的研究表明,公司的控制权、董事会规模和独立董事比率的增加都有利于促进企业在环境绩效方面的表现。比如Rubino通过分析83家意大利上市公司样本发现,独立董事比例的增加,使得家族企业在环境绩效方面有更好的表现;规模较大的董事会对企业环境绩效有积极的影响,这在一定程度上说明了更多的独立董事和更大规模的董事成员为企业提供了更多的资源,从而促进企业对环境的关注。

家族为了保持代际传承,往往倾向于内部家族控制。在家族企业国际化进程中,家族资源的限制往往使得企业在国际化进程中缺乏所需要的资源和人脉。与非家族企业相比,家族企业在资源提供和利用方面的效率较低。因此,家族企业的国际化程度往往落后于

[①] Poletti-Hughes, Jannine, Beatriz Martinez Garcia. Leverage in Family Firms: The Moderating Role of Female Directors and Board Quality. International Journal of Finance & Economics,2020,7.

非家族企业。但是新一代的继承者们往往比父辈们拥有更多的海外经验,他们自身携带着较多的海外资源进入家族企业,这能够促进国际化的扩张。

在家族企业实施国际化的过程中,面临内部资源不足的情况时,家族企业聘请有经验的外部职业经理人是常见的选择。外部职业经理人的加入,可以拓宽企业获取信息和资源的渠道,提升企业的管理能力。必须承认,尽管外部资源给家族企业国际化带来诸多益处,但董事会中外部董事数量并非越多越好。例如,在韩国的国际企业中,外部董事主要发挥资源提供功能。对国际贸易依赖程度较高且发展程度较好的韩国企业,为了减少信息不对称等问题,会降低对董事会中外部董事的资源依赖①。一方面,非家族成员担任董事提供的外部资源只有在家族内部董事权利较弱时,才会对家族企业国际化具有显著作用。所以根据家族企业的情感基础,家族第二代往往不会减少其对家族企业的控制,这也是为什么非家族企业董事的外部资源并不能够带来相应的效益。家族企业国际化不需要过分依赖外部董事的资源,更多的是选择二代成员利用自身资源推动家族国际化。

另一方面,家族企业国际化离不开非家族董事的加入,家族企业的国际化成果与外部董事能提供的资源息息相关。根据 Calabro 的研究,非家族成员参与治理程度越高,家族企业的国际化进程也就越快。因为外部董事给家族企业带来了资源,包括专业知识和建议、联系公司与重要的利益相关方、获取资源、建立外部关系,以及帮助家族企业制定战略。事实上,获得外部资源对于成功的企业国际化至

---

① Nam, Yoonsung, Tae-Joong Kim, Wonyong Choi. The Moderating Effect of International Trade on Outside Director System in Korean Firms. Journal of Korea Trade, 2019, 23(1): 19-34.

关重要,因为进入国外市场可能会给家族企业带来特殊的资源挑战。与家族企业的外部独立董事相比,家族董事提供的资源并不能够有效地帮助家族企业国际化。虽然一些家族企业的属性可以推动国际化,例如承诺、长期定位和独特能力,但是由于资源的缺乏,尤其是缺乏国际市场的知识,反而会阻碍家族企业走向国际市场。缺乏国际市场知识的家族成员既没有国际市场的机会意识,也没有相应的国际化能力,而国际化能力被认为是国际创业的基础。因此,根据资源依赖理论,为获得这些关键资源,与组织外部成员的联系是至关重要的。而家族成员往往不能够提供充足的资源。非家族成员的控制有助于企业克服停滞、推动国际化进程,同时,仅仅增加家族企业董事会中的非家族成员是不够的,还需要企业整体的配合。董事会中外部人员的加入不仅仅是提供资源,更包括非家族成员在董事会会议中所起的作用。只有家族内部的会议并不能够帮助企业推进国际化,更多地需要非家族成员在董事会会议中的参与。非家族成员需要将外部董事提供的资源与企业自身结合起来,将董事会会议和家族会议联系起来,以便家族内部成员更好地使用外部资源进行国际化决策[1]。

综上,家族企业的国际化进程需要非家族成员董事的加入,他们所提供的外部资源配置对家族企业的国际化进程起到了不可或缺的作用。在国际化进程的效益上,外部董事能够给家族企业提供更多的外来投资,尤其是国际市场上的投资。一方面,将非家族成员提供的国际网络与家族企业相结合,能够帮助家族公司实现高水平的国

---

[1] Singh, Deeksha, Andrew Delios. Corporate Governance, Board Networks and Growth in Domestic and International Markets: Evidence from India. Journal of World Business, 2017, 52(5): 615-627.

际化。同时,非家族成员在董事会中的高度参与能够帮助家族企业在国际化进程中发展国际创业,从而进一步帮助家族企业推动国际化进程。Calabro等提出,在家族企业国际化遇到问题时,需要董事会的监督和治理,非家族成员能够以更开放的视角帮助家族企业克服目前所存在的停滞障碍。另一方面,家族企业的国际化进程也可以通过企业收购来进行。1960年,美国大型工业企业掀起了一波企业收购的浪潮。家族企业中的外部董事拥有广泛的人脉,相比于家族企业董事,他们与其他公司之间的交往更加密切,并且不受家族内部的控制,能够帮助企业进行国际化收购。

另外,在董事会性别多样性方面,随着家族企业国际化进程的发展,董事会中的女性比例会显著提升。前文中讨论过女性董事在家族企业中的重要地位,国际化导致了家族企业对资源的依赖以及女性董事的需求。将女性纳入跨国公司董事会是组织对公司运营环境变化和在国际市场上遇到的治理问题做出理性反应的结果。女性董事的加入表明公司对良好治理的承诺,最终向外国投资者发出积极信号,在国际市场上获得董事会性别多元化的经济利益,促进家族企业国际化进程[1]。

对于资源依赖理论与家族企业国际化之间的关系,国际学术界已有研究发现,各国家族企业资源依赖存在较强的地域性特征,国际化进程存在一些差别。中国的家族企业正处于第一代和第二代成员传承交接的阶段,第二代家族成员给家族企业注入新鲜血液,二代家族成员的参与促进了家族企业的国际化。研究又显示,二代成员占

---

[1] Saeed, Abubakr, Amna Yousaf, et al. Family and State Ownership, Internationalization and Corporate Board-Gender Diversity Evidence from China and India. Cross Cultural & Strategic Management, 2017, 24(2): 251-270.

据较多董事会席位并不能够切实地帮助公司国际化进程，还是需要更多有经验和资源的非家族成员的加入。所以在国际化进程中，家族成员和非家族成员的比例关系仍然是一个需要研究的领域。

对于我国的家族企业研究来说，目前与资源依赖理论相关的视角确实较为稀缺。我国家族企业发展快速，目前在市场中占有重要份额，是不可忽视的一部分。对于外部资源，家族企业根据企业的文化和传统都采取了不同的处理态度，实际上这是需要研究的重要问题。家族企业如何与外部资源进行交互，如何处理企业自身的资源依赖问题，如何处理董事会中与外部董事、独立董事之间的关系等问题都值得关注。

重要文献

[1] Amy J. Hillman, Michael C. Withers, Brian J. Collins. Resource Dependence Theory: A Review. Journal of Management, 2009, 35(6).

[2] Hoang, Khanh, Thanh Tat Tran, Hien Thi Thu Tran, et al. Do Different Political Connections Affect Financial Reporting Quality Differently? Evidence from Malaysia. Managerial and Decision Economics, 2021, 6.

[3] Kraus, Sascha, Helge Mensching, Andrea Calabro, et al. Family Firm Internationalization: A Configurational Approach. Journal of Business Research, 2016, 69(11): 5473-5478.

[4] Maseda, Amaia, Txomin Iturralde, Blanca Arosa. Impact of outsiders on Firm Performance over Different Generations of

Family-Owned SMEs. Journal of Small Business Management, 2015, 53(4): 1203-1218.

[5] Panicker, Vidya Sukumara, Rajesh Srinivas Upadhyayula. Limiting Role of Resource Dependence: An Examination of Director Interlocks, Board Meetings and Family Ownership. Cross Cultural & Strategic Management, 2021, 28(2): 424-451.

[6] Zelinsky, Wilbur, Amos H. Hawley. Human Ecology: A Theory of Community Structure. Geographical Review, 1951, 41(1): 180.

[7] 陈凌,王昊. 家族涉入、政治联系与制度环境——以中国民营企业为例. 管理世界,2013,10:130-141.

第三篇 控制权理论与家族企业治理

控制权理论

两权分离导致了现代企业中权利不再为公司所有者一人独有，各利益相关者间权利和剩余利润的分配成为企业治理研究的关键。控制权理论是现代企业理论中非常重要的组成部分，是研究现代企业公司治理的基石。在家族企业中，家族创始成员一方面要为企业的长远发展考虑，但是又不想控制权过多地分散在外。因此如何维护家族的控制权和企业的长远发展，这两者间的矛盾不断突显出来。如何将控制权在家族企业内部成员以及非家族成员之间进行有效配置是提高家族企业治理水平，从而实现企业长远发展的关键。

控制权内涵

"控制权"理论，源于不完全合约（contract）问题。可以说，科斯等的企业契约理论是企业剩余控制权研究的开端。传统的经济学预设了合约的完全性，即交易双方可以对合约的所有细节进行预先约定并有效执行，由此形成资源最优配置的市场互动。但不完全契约是市场治理需要面临的基本情境，契约难以自发完成，第三方强制实施也面临困境。既然契约具有不完全性，那就必然有大量的市场行为是非确定性的,只能在事后博弈。面对合约之外的不确定性,交易双方谁具有应对调整的权力就变得非常重要。

基于两权分离理论和产权理论,相关学者从不同角度对控制权内涵进行定义。Berle 最早基于两权分离的视角,认为控制权的实质源于法定权力,拥有选择权的股东或决策者实际上也拥有了控制权[1]。后来的研究从不同的理论视角对控制权的界定不断拓展,但没有形成统一的标准。

一类观点是从单一权利的角度出发,比如投票权,认为谁拥有了投票权,谁就拥有公司的控制权;再如资源配置权,认为谁拥有公司可支配资源的配置决策权,谁就拥有公司的控制权。还有观点进一步认为,即使没有对资源直接的配置权,但是拥有对配置权的影响力,那么也可以视为拥有公司的控制权。另外一类观点认为,公司的控制权是由一系列权力所构成的权利束,包括选举董事、股东大会投票、清算、否决等一系列权力。这类观点认为对于公司的控制不是通过某个单一的权利就能够实现的,需要从多角度考察。

控制权与剩余控制权

控制权和剩余控制权是相关又相似的概念,很多学者从剩余控制权的角度来理解控制权,但实际上控制权和剩余控制权是存在显著差别的。从不完全契约的角度来看,控制权理论的研究重点主要在剩余控制权,因为如果契约是完全的,那么所有的契约双方的权利都可以在契约中事前约定并得到完美的执行,那么企业控制权实际

---

[1] Berle A. A. The Modern Corporation and Private Property. Macmillan, 1932.

上是一个确定的制度安排。而基于契约的不完全性，Grossman & Hart 首次提出剩余控制权，是指那种事前没有在契约中明确界定如何使用的权力，同时也是决定资产在最终契约所限定的特殊用途之外如何被使用的权力。

相应的，Hart 于 1990 年提出了类似的观点，他认为剩余控制权是指初始合约未规定或未说明的情况下，未来或然事件的控制权或资源使用的决策权。上述两位学者均是从初始合约未说明的角度对剩余控制权进行定义，通过对比控制权与剩余控制权的内涵，我们可以归纳两者的区别主要是权利范围不同。控制权包括合同中列明和没有列明的权利，剩余控制权只包括没有列明的权利。

控制权与所有权

公司的股东按照其所拥有的股份享有按比例对公司的剩余利润进行分配的权利和对公司的决策进行投票的权利。但在实际的运行中，这些由法律所赋予股东的权利不一定和股东实际持有的股份相匹配，因为商业利润的多少取决于公司的经营决策，而公司的经营决策及利润分配更多地取决于公司的剩余控制权。

由于契约的不完全性，股东在拥有所有权的同时不一定拥有与所有权相匹配的控制权，可以说所有权是控制权产生的前提，控制权可能在企业的主要利益相关者中进行配置，比如某些企业的管理者即使没有很高比例的所有权，但是可能对公司拥有很强的控制权。据 Fama & Jensen 对所有权的定义，企业的所有权是股东对企业的剩余索取权。企业盈余的分配反映了企业控制权的意志，在大多数情况下，企业盈余的分配是在控制权的支配下确定的。也有部分学者从现金流权的角度对所有权进行界定，认为现金流权主要是指股东根据自身的股份比例参与分配公司股利的权利。

在股权高度分散的企业中,极有可能出现所有权与控制权分离的情况。此时公司的所有权归属于众多中小股东,而企业的控制权由管理层掌握。不管企业的股权状况如何,在既有的所有权结构下,如何在主要的利益相关者中分配控制权至关重要,因为拥有控制权的参与者决定着企业的行为选择。

控制权配置

Fama & Jensen首次对控制权配置问题做出了明确界定,认为控制权配置是一系列制度安排,这些制度安排决定公司的日常经营和战略选择,通常包含人、财、物、事等权力,是企业公司治理机制的基础。通常控制权的配置在股东、董事会以及管理层三方进行分配,包括股权结构、董事会构成以及管理者内部竞争等,但并不排除企业的控制权可能被企业一些特殊的利益相关者所拥有,比如已经退股的创始人通过影响力而拥有公司的控制权。当然,实践中在绝大部分情况下,公司的所有权和控制权是统一的。

控制权配置模式在全世界多种多样,目前还是以制衡的董事会模式为主要的治理模式,实践中形成了两种典型的公司控制权配置模式——英美模式和德日模式。控制权可以理解为对公司行为选择的话语权,所以控制权的配置直接影响企业的绩效,比如大部分的研究数据支持企业的股权集中度与企业的绩效呈正相关关系,企业绩效会随着第一大股东持股比例的增加而增加。但是王季以中国民营上市公司为样本,研究发现第一大股东持股比例介于30%至50%之间对企业来说是最优的①。因为如果股权过于分散,一方面股东之间可能会产生"搭便车"心理;另一方面由于股东和管理者之间存在着很严重的信息不对称,导致股东对管理层监督的成本变高反而降低公司的绩效。而当股权过于集中,第一大股东因为具有完全的话语权而可能会表现出自利倾向,通过关联交易、隧道挖掘等行为损害中小股东的利益,这显然也不利于公司的整体绩效表现。

家族企业公司治理与控制权理论文献分析

检索外文文献时使用 Web of Science,并将关键词设置为("Control Power"或"Control Theory"或"Control")和("Family Business"或"Family Firm"),出版时间选择所有年份,数据库选择核心合集,总共检索出 451 篇相关外文文献。

检索中文相关文献时使用 CNKI 数据库,关键词设置为:控制权与家族企业。出版时间同样选择所有年份,并筛选期刊类型为 CSSCI。总共得到 263 篇相关中文文献。运用中国知网的可视化分析,得到文献总体发文趋势。从图 12 中,我们不难看出,2009 年学者们对控制权与家族企业的关注和研究达到顶峰状态,之后便逐渐回落,尤其是自 2015 年以来,相关主题文献数量一直呈下降趋势。

接下来运用 CiteSpace 分析 CSSCI 文献数据。关键词共现图谱中,关键词字体大小代表该关键词在相关文献数据库中出现次数的多少,关键词字数越大,代表数据库文献中相关关键词出现频率越

---

① 王季.控制权配置与公司治理效率——基于我国民营上市公司的实证分析.经济管理,2009(8):7.

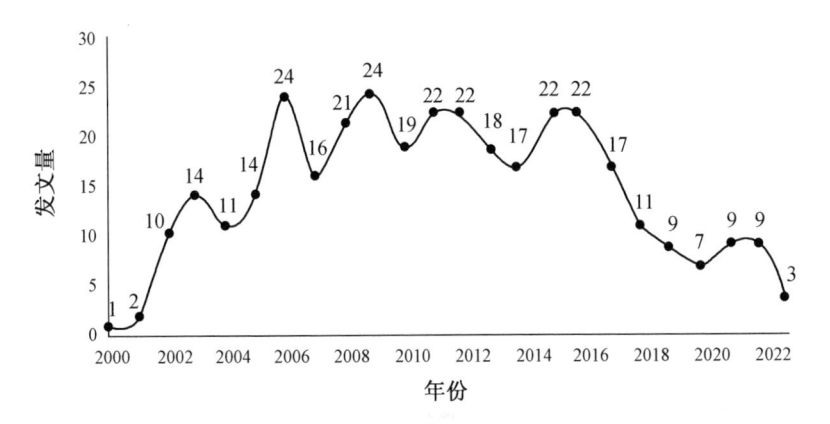

第三篇　控制权理论与家族企业治理　　49

图 12　文献总体发文趋势

高。从图 13 中我们可以看出，家族控制毫无疑问是出现次数最多的关键词，除此之外，排在前面的关键词还有代际传承、控制权、家族治理等。由此可见，相关学者对控制权与家族企业相关的关注重点在控制权、家族控制与治理方面。

图 13　关键词共现图谱

另外，利用 CiteSpace 对中文文献做关键词突显检测。关键词突显检测可以检测关键词在哪一年出现并成为研究热点。同时可以检测关键词突显强度,代表控制权在家族企业当中应用的一个重要方面,受到了广泛关注,并成为极具影响力的研究前沿热点。从图 14 中可以看出,近年来,相关学者将研究重点放在家族涉入、研发投入、技术创新与代际传承四个方面。但是从突显强度来看,历年来,企业绩效、家族控制才是控制权在家族企业应用的重要方面,一直以来受到学者们的广泛关注,并取得大量研究成果。

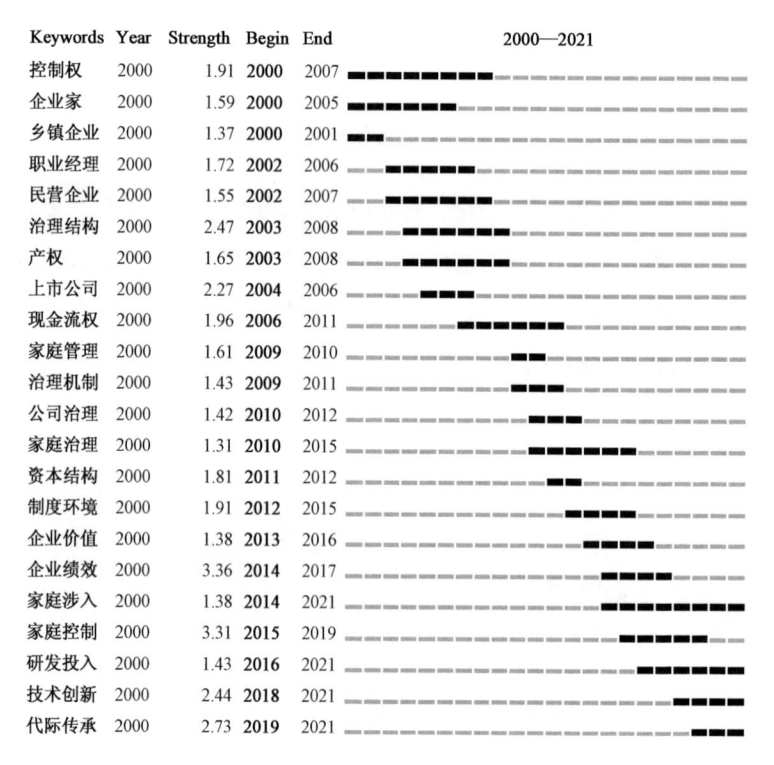

Keywords	Year	Strength	Begin	End	2000—2021
控制权	2000	1.91	2000	2007	
企业家	2000	1.59	2000	2005	
乡镇企业	2000	1.37	2000	2001	
职业经理	2000	1.72	2002	2006	
民营企业	2000	1.55	2002	2007	
治理结构	2000	2.47	2003	2008	
产权	2000	1.65	2003	2008	
上市公司	2000	2.27	2004	2006	
现金流权	2000	1.96	2006	2011	
家庭管理	2000	1.61	2009	2010	
治理机制	2000	1.43	2009	2011	
公司治理	2000	1.42	2010	2012	
家庭治理	2000	1.31	2010	2015	
资本结构	2000	1.81	2011	2012	
制度环境	2000	1.91	2012	2015	
企业价值	2000	1.38	2013	2016	
企业绩效	2000	3.36	2014	2017	
家庭涉入	2000	1.38	2014	2021	
家庭控制	2000	3.31	2015	2019	
研发投入	2000	1.43	2016	2021	
技术创新	2000	2.44	2018	2021	
代际传承	2000	2.73	2019	2021	

图 14 关键词突显检测(按照年份排序)

家族企业权力配置特征

依据前文的表述,家族企业的基本判定标准是该企业由一个人或一个家族所控制,La Porta 用 20% 作为家族成员持股比例的临界标准。从控制权的角度看,学者普遍认可的观点是一个家族应该掌握着企业的经营控制权,控制权的表现形式可以是家族成员直接担任企业核心管理职务,也可以通过职业经理人间接地对企业的重要决策和战略方向产生影响。

从各研究对家族企业的界定可以看出,相比非家族企业,家族企业具有独特的权力配置特征,主要体现在如下几个方面。第一,家族企业相较于非家族企业的权力结构是相对更集中的,或者说高股权集中度是家族企业股权结构的典型特征。第二,家族企业中所有权和经营权高度融合,家族企业股东和家族企业管理者通常是两职合一,使实际控制人能免受企业内外部约束。第三,家族企业的管理层往往角色具有多重性,进入管理层的家族企业成员要在家庭、企业和社会 3 个不同的网络关系中相互融合,这导致家庭管理成员的行为与一般管理者的行为存在明显的异质性[1]。

家族成员与非家族成员、家族成员与家族成员之间的关系与行为是不同的,因而接下来我们对不同的关系分别进行探究。首先将家族成员看成一个整体,研究权力在家族成员和非家族成员之间的配置;然后打开家族的黑箱,研究家族成员内部的权力配置的倾向及

---

[1] Schulze, W. S., Lubatkin M. H., Dion R. N.. Exploring the Agency Consequences of Ownership Dispersion among the Directors of Private Family Firms. Academy of Management Journal, 2003, 46(2): 179-194.

其所导致的行为结果。

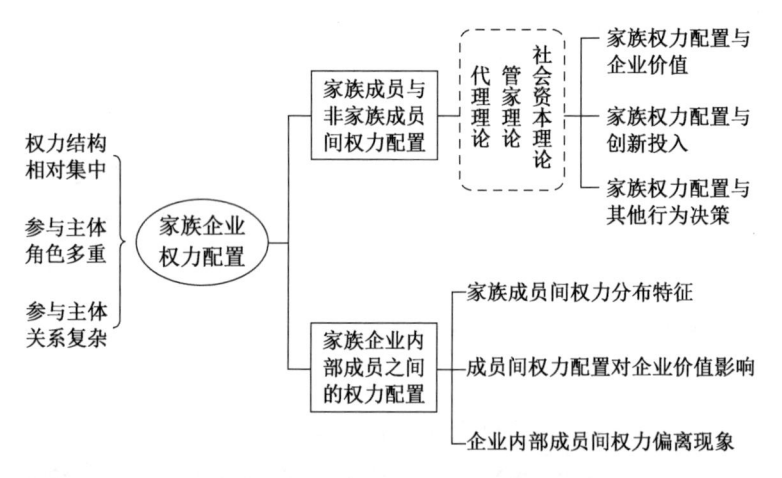

图 15 家族企业权力配置综述论述框架

家族成员与非家族成员间的权力配置

家族企业在权力配置过程中，必然要面临家族成员和非家族成员的权力配置问题。因为家族成员管理者的特殊性，不同的学者从不同的理论视角对这种权力配置问题进行探讨，代理理论和管家理论是两个主要的逻辑。

代理理论的观点主要从削减代理成本的角度来论述家族企业可能存在的优势和劣势，在家族企业初期，所有权和控制权高度重合，不存在代理问题，而家族企业在不断发展之中引入家族外部的职业经理人，可能引发家族所有者与职业经理人之间的第一类代理问题，家族两权分离现象也使得控制性股东具有侵占小股东利益的动机，于是中小股东之间的第二类代理问题由此产生。

管家理论与代理理论最大的差别是对代理人的假设不同。管家理论认为,代理人是"社会人",因为关系情感等因素的影响,代理人会受内在动机的驱使寻求与委托人目标的一致,所以代理人会表现出利他主义行为,公司董事会的监督职能也因此失去意义。管家理论强调,家族管理者对企业的管家态度是非家族企业所不具备的。Davis等发现对组织具有高度认同感的经理人更具有管家意识,因此在家族企业中经理人的管家信条更为明显,家族经理人具有更高的集体主义倾向和利他主义,更倾向于在家族共同利益目标的指引下作出决策[1]。家族企业拥有区别于其他公司的异质性资源,包括家族信任、价值观、家族愿景与文化等,这种独特资本镶嵌在家族成员个体之间,具有隐蔽性和排他性。

家族权力配置与企业价值

家族企业权利的配置,不管是家族成员间的权力配置还是家族成员与非家族成员间的权力配置一直都被学术界所关注,但目前为止尚未得出一致的研究结论。

在家族所有权与企业价值的关系研究中,Andres用德国上市公司的数据研究支持自己的观点——家族持股比率的上升更有利于家族企业的绩效,他的解释逻辑是高股权集中度降低了股东之间的冲突和企业的代理成本,同时高利益相关性也使家族股东有更强的积极性去监督管理。Claenssens利用不同国家的数据的研究发现,如果家族持股比例过于集中,导致家族企业可能表现出风险厌恶,拒绝

---

[1] Donaldson L., Davis J H.. Stewardship Theory or Agency Theory: CEO Governance and Shareholder Returns. Australian Journal of Management, 1991, 16 (1): 49-64.

高风险的战略性投资行为，进而导致企业资源不能得到有效利用。有中国学者研究家族企业持股与企业价值的关系发现，两者的关系不是简单的线性，而是呈倒 U 型[①]，过高或过低都不利于企业的价值创造。

许多实证研究发现了家族控制权与企业绩效和治理效率之间的正向关系，从代理理论角度解释是得益于家族的控制力和监督水平，代理成本的增长空间被大大压缩，由于控制型家族掌控着上市公司的整个运营情况，有能力发现管理者为了自利而采取的不利于公司的行为，从而可以有效地监督管理者的行为；从家族想要维护家族资本传承的动机来看，家族控制使家族决策时更具有长期导向性。但是，Morck & Teung 指出，控制型家族在聘请外部的职业经理人时，常常认为职业经理人具有机会主义倾向，经理人的诚实劳动因而很难获得合理回报，反过来促使职业经理人采取机会主义行为，这种恶性循环加剧了家族控制性股东与职业经理人之间的不信任，对企业价值具有负面的影响，而即使不聘请外部职业经理人，家族控制权也可能造成不按能力贡献选择管理层而引发管理无能的问题，导致内部冲突和决策失误。

家族之中两权分离度与家族企业价值的关系是呈显著负向的，这是由于家族普遍采用金字塔结构的控制权放大机制，对于小股东利益的侵占可能比普通企业更为轻易和隐蔽，这种代理冲突显然不利于企业发展。

---

① 冯旭南,李心愉,陈工孟.家族控制、治理环境和公司价值.金融研究,2011,(03).

家族权力配置与创新投入

家族权力配置如何影响企业的创新行为和研发投入是学者们广泛讨论的另一个话题。根据能力意愿悖论,意愿和能力是实现创新的两项必要条件。对于家族企业权力配置与企业创新投入的关系问题,从不同角度解释得到的结论是迥异的。

从意愿来看,家族所有者主要权衡社会情感财富的潜在收益和损失,即在家族控制之下,研发投入的高风险性、长周期性以及不确定性可能使社会情感财富受到威胁,家族管理者由风险规避转为损失规避。有学者从管理理论的角度解释得出了不同的观点,经理人有更明显的"管家"角色倾向,且家族管理者不必因为担心自己的创新投入行为没有获得既定回报而被解雇[1]。具有管家倾向的管理者不仅更加注重企业的突破式创新行为,其管家行为还会对雇员的认同感和积极性有所激励,有效提升雇员的创新能力和组织的创新氛围,有利于保持企业竞争力及维持企业可持续发展。

从能力来看,家族控制权会影响到企业的管理资源与管理能力,不利于具有丰富经验和专业技能的职业经理人对企业战略做出独立判断;也有观点认为,家族控制权减轻了信息不对称性对企业决策的负面影响,家族管理者特别是创始人,熟悉公司的经营环境,对公司战略及发展方向有更精准的把握。而两权分离度较高的控制型家族的掏空动机则易导致企业的战略停滞和更高的融资成本,显然降低了企业投入研发创新的可行性。

---

[1] Miller, Danny, Isabelle Le Breton-Miller, et al. Lester. Family Ownership and Acquisition Behavior in Publicly-Traded Companies. Strategic Management Journal, 2010, 31(02): 201-223.

家族成员之间的权力配置

随着家族企业规模的扩大,参与家族企业管理的家庭成员的规模也在相应地放大,有的家族企业甚至可能有多个家族参与管理,形成复杂的家族联盟。比如家族一代成员管理企业的后期,他的多个子女或亲戚都可能已经参与到企业的管理中,这些家族二代在家族企业内部不断地积累自己的关系网络和社会资本,构建自己的管理权威。家族企业的权力如何在一代和二代之间进行配置,目前的研究基本上还都是将一个家族作为一个完整的团队进行分析,没有区分家族成员之间的差异性问题,主流观点认为这种做法的基础是整个参与管理的家族成员的价值观和家族愿景是一致的[1]。因为他们具有基本相同的价值观,所以在家族企业的权力配置上更多地遵循亲缘至上而非能力至上的原则。

这种家族权力在内部成员之间的配置特征也会对企业价值造成不同程度的影响。这是因为一个家庭不可能完全是由具有相同利益和目标的个体组成的同质体,家庭成员的目标和喜好是有区别的。家族内所有权配置是决定拥有支配权的所有者与其他家族成员之间冲突大小的重要因素,影响企业财务结构等决策的选择。具有家族关系的成员没有参与企业,对家族企业的业绩改善具有很强的阻碍作用,显示了家族资本的重要性。

---

[1] Evert, Robert E., Joshua B. Sears, John A. Martin, et al. Family Ownership and Family Involvement as Antecedents of Strategic Action: A Longitudinal Study of Initial International Entry. Journal of Business Research, 2018, 84(3): 301-311.

重要文献

[1] Andres C. Large Shareholders and Firm Performance an Empirical Examination of Founding Family Ownership. Journal of Corporate Finance, 2008, 14(4): 431-435.

[2] Barnes, LB, Hershon, SA. Transferring Power in Family Business. Havard Business Review, 1976, 54(4).

[3] Claessens, Stijn, Djankov, et al. The Separation of Ownership and Control in East Asian Corporations. Journal of Financial Economics, 2000, 58(1-2): 1-112.

[4] Chrisman J J, Patel P C. Variations in R & D Investments of Family and Nonfamily Firms: Behavioral Agency and Myopic Loss Aversion Perspective. Academy of Management Journal, 2012, 55(4): 976-997.

[5] Davis J H, Schoorman F D, Donaldson L. Toward a Stewardship Theory of Management. Academy of Management Review, 1997, (22): 20-47.

[6] Fa Ma E F, Jensen M C. Separation of Ownership and Control. Journal of Law and Economics, 1983, 26(2): 301-325.

[7] La Porta, Rafael, Florencio, Lopez-De-Silanes, Andrei Shleifer, et al. Investor Protection and Corporate Valuation. Journal of Financial Economies, 1999, (58): 3-27.

[8] Morck, R., Yeung, B.. Family Control and the Rent-Seeking Society. Entrepreneurship: Theory & Practice, 2004, 28(4):

391-409.

[9] Zahra, S. A.. Harvesting Family Firms' Organizational Social Capital: A Relational Perspective. Journal of Management Studies, 2010, 47: 111-123.

[10] 张维迎. 企业的企业家——契约理论. 上海三联书店, 1995.

[11] 贺小刚, 李新春, 连燕玲, 等. 家族内部的权力偏离及其对治理效率的影响——对家族上市公司的研究. 中国工业经济, 2010, 10(10).

第四篇　社会资本理论与家族企业治理

家族企业的社会资本

社会资本内涵

因为天生的资源禀赋,企业面临对外资源需求是常见情况,能够为企业提供资源的主要是企业的利益相关者。如何能够持久地从利益相关者处获得企业发展所需要的资源是个关键的问题。

社会学家皮埃尔·布迪厄将社会资本定义为"与拥有一个或多或少制度化的相互认识或认可关系的持久网络相关的实际或潜在资源的总和"。皮埃尔对社会资本的定义包含了三个关键要素:关系、网络和资源,他强调社会资本是在持久关系网络中所可能获得的资源。从企业的角度讲,企业的社会资本就可以理解为在企业的持久关系网络中可以被利用的资源。之后有许多学者对社会资本的定义进行了拓展,但是基本上都在上面三个关键要素中展开。

Nahapiet & Ghoshal 提出的三个维度的社会资本构成被当下很多研究所采纳,三个维度包括结构维度、关系维度和认知维度。结构维度是指个体之间的连接方式,包括网络连接、网络配置形式和专化组织,这一维度主要关心网络连接是否存在、连接强度以及网络结构。关系维度是指创造关系或通过关系手段获得的资产,如信任与可靠性、规范与惩罚、义务与期望、可识别身份等。认知维度是能够帮助不同主体共同理解某些知识、表达或意义的资源,比如企业的共同愿景或价值观。

家族企业社会资本的特殊性

家族企业的社会资本,包括企业内关键个人社会资本和家族社会资本、家族企业社会资本三个方面的内容。家族企业社会资本属于企业所有,企业内关键个人的社会资本属于个人所有,如创始人个人的社会资本,源于创始人个人的社会关系网络,企业对个人社会资本是不可控的,但是创始人会自愿用个人的社会资本为企业服务。类似的逻辑,家族所拥有的社会资本源于家族内外部的社会关系,企业可以利用但是不能直接控制。

Bubolz 认为,"家庭是社会资本的来源、建设者和使用者"[①]。通过树立信任的榜样,家庭提供了道德行为的基础,在此基础上制定了合作和协调准则以及互惠和交换原则,加强了社会资本的创造和使用。这些社会资本源于家庭中常见的稳定、相互依赖、相互作用和封闭等动态因素,因此将家庭成员间发展的社会资本称为家庭社会资本。

家族社会资本也由三个核心维度组成——结构维度、认知维度和关系维度,它们构成了公司中亲属之间的社会资源。结构维度,是

---

① Bubolz, T, Wasson, J. H., Lu-Yao G., et al. Treatments for Prostate Cancer in Older Men: 1984-1997. Urology, 2001, 58(6): 977-982.

指家庭成员间社会互动的形态、模式和强度。社会结构网络的配置和密度控制着资源的流动,而正是通过网络的结构配置,家庭和组织的社会资本才得以联系在一起。认知维度,是指家庭成员之间的共同意义、一致的价值观和共同的愿景。而且由于家庭成员间有着共同的历史、经历和相似的价值观,更容易促进团队里的人际互动,从而减少沟通中的误解。关系维度,可以说是家族社会资本最核心的维度,包括家庭成员之间的信任、规范、承诺和身份。固有的承诺、家庭特有的规范和以家庭为基础的身份在亲属之间创造了一种独特的纽带,这种纽带只在家庭群体内的个人之间共享。

家庭被认为是发展社会资本的理想环境,因为在信任、稳定和相互依赖的基础上发展起来的家庭关系十分丰富,这种独特的社会资本形式有可能为家族企业带来利益。

家族社会资本的文献分析

在 Web of Science 中检索"Social Capital""Family Firm/Family Business",共检索出 332 篇文献。由总体趋势分析图可知,该领域的第一篇文献是在 1993 年发表的,发文量从 2008 年开始出现稳定上升趋势,并且在 2022 年达到最高。

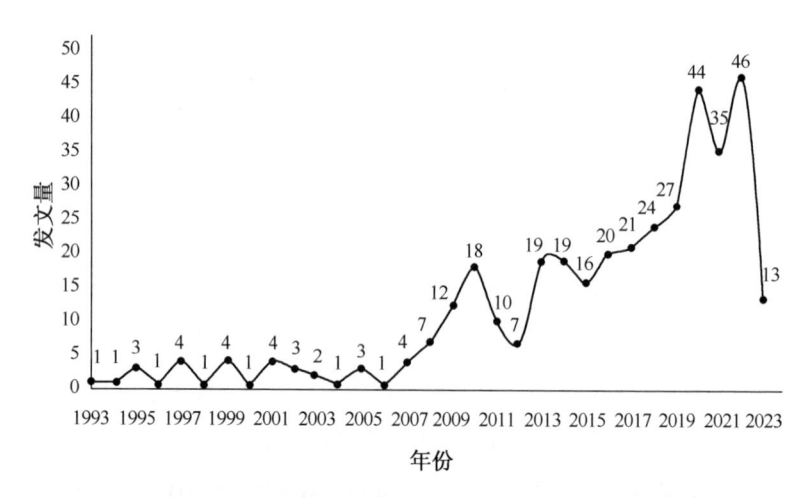

图 16　WOS 总体趋势分析图

在 CSSCI 中检索"社会资本""家族企业"的中文学术期刊，进行发文趋势分析。根据总体趋势分析图可以看出，2006、2016 年发表的比较多，近几年的发表数量比较稳定。参考文献和引证文献的数量近几年呈下降趋势是由于相比 2017 年之前的发文量减少了。

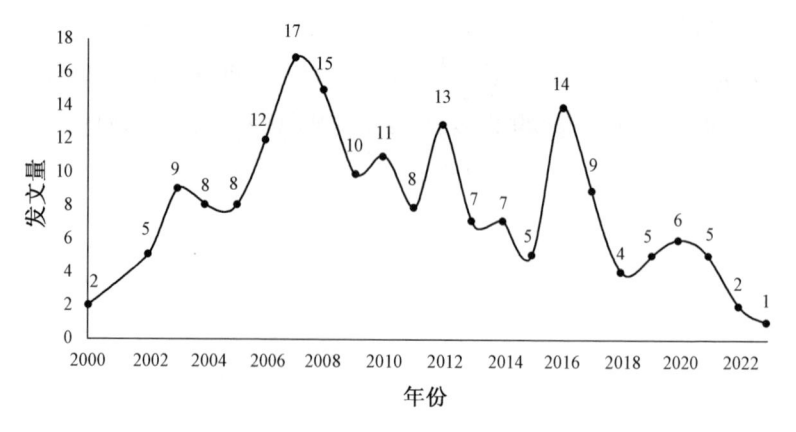

图 17　CSSCI 总体趋势分析图

用 CiteSpace 对中文文献进行了可视化分析,依据出现的频率来规定字体大小,字体越大,说明该关键词出现的次数越多。从图 18 可以看出,主要的节点有三个:家族企业、社会资本和家族涉入。并且围绕这三个节点有一些小节点,比如,一些围绕家族的:代际传承、信任、父子共治、关系网络、家族理性;还有一些企业层面的:企业创新、企业成长等。

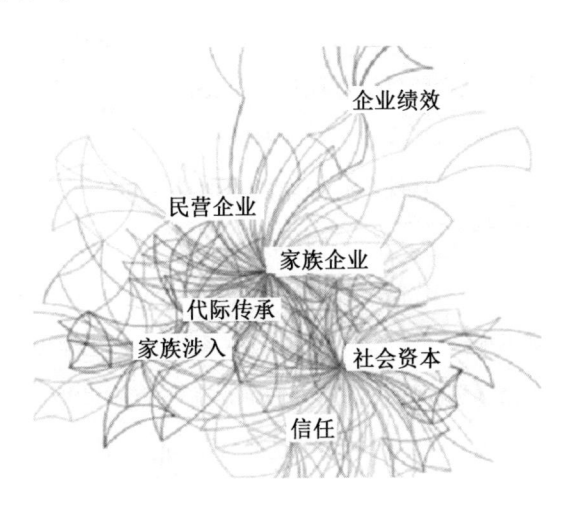

图 18 CiteSpace 关键词共现图

家族社会资本与公司治理

传统的委托代理问题是由于企业的所有权和经营权分离产生的,企业通过一些正式的或者非正式的契约治理机制来应对委托代理问题。而家族企业作为一种特殊的企业形式,所有权和经营权是相对统一的,这使得家族企业公司治理问题所关注的焦点与非家族企业不完全一致。在家族企业中,由于所有权和经营权的相对统一,家族企业的家族成员管理者更多地表现为管家角色，董事会的监督只能显得不是非常必要。而家族企业的运行也可能更多地依赖于家庭系统的权威关系和社会关系。社会资本的关系维度和认知维度在家族企业中得以被充分利用。

紧密联系的关系网络有利于提升关系网络中成员间的信任、忠诚和利他主义，家族企业内部成员存在共同的身份认同、价值观和愿景，这使得成员间的关系更为密切。同时基于血缘和亲缘等家族关系的信任，可以减少信息不对称和代理人的机会主义倾向，帮助家族企业降低代理成本，提高治理效率。

但是，家族企业特殊的管理者的利他主义特征和具有血缘关系的管理层结构，可能会产生新的代理问题。例如，在家族企业代替传承的过程中，家族二代的空降可能导致家族企业内部权力配置失调，甚至出现德不配位的情况。凭借血缘关系强行接班的二代管理者与以能力至上而选拔的职业经理人如何协调与合作，加入企业内部如何体现公平并提升组织认同感都是非常不同于一般企业的。

家族社会资本的动态发展

根据 2011 年中国家族企业的发展报告，中国的家族企业平均的存续期限为 9 年，大约有 30% 的家族企业能够顺利地延续到第二代，而能够延续到第三代的家族企业只有 10% 左右。实现基业长青是任何一个创业者的梦想，如何提升家族企业可持续经营的能力不仅是企业家们关注的问题，也是学术界的聚焦所在。

家族企业的可持续发展与一般企业的可持续发展存在明显的差异，家族企业持续发展关注的核心要素就是家族和家族社会资本的延续性。社会资本是企业在激烈的竞争环境中通过长期合作关系所能获得的资源的总和,家族的延续性和特殊的血缘关系让家族社会资本具有很强的传递性,这种家族资本的传递性对于企业的持续生存所需要的资源获取是非常必要的。

Nahapiet & Ghoshal 从过程的角度提出四个动态因素影响组织社会资本的发展。稳定性:社会网络结构具有一定程度的连续性,从而增加相互义务的明确性和可见度,并发展出信任和合作规范。互动:参与者之间的互动增加有助于发展和维持社会网络中的相互义务。家族成员自童年时期接受家庭的影响,因此形成了较长时间的稳定性。家庭的稳定性提高了家庭成员对价值观、行为规范和认知模式的理解,促进了家族的整合、凝聚力和生存。相互依赖:发展和维护社会资本需要网络成员之间的相互依赖;当网络中的人们变得更加独立时,社会资本就会被侵蚀。较高水平的社会资本通常在相互依存的背景下发展。随着家庭关系的持续,相互依赖和互动的增加会产生更大程度的信任(基于共同的规范和价值观)、互惠原则(义务)和家庭成员之间的交换。例如,父母给孩子的帮助会使孩子获得爱与满足,这种互动带来家庭成员间的相互依赖。高水平的相互依赖带来高水平的承诺。封闭:社会网络边界,将成员("我们")和非成员("他们")区分开来。它促进了信任、规范,形成社会网络中独特的代码和语言。家庭为家族企业的社会网络提供了天然的边界。这四个因素一起影响社会资本的流动,进而影响社会资本的存量。随着时间的推移,这些因素的任何改变都可能影响(如维持、加强、修改或摧毁)社会资本的存量。

基于家族社会资本的动态发展视角,在家族企业刚刚创立和初步发展的时候,企业规模比较小,家族成员之间的信任、忠诚等家族社会资本就会发生更大的作用,例如家庭成员在成长过程中经常在非正式的环境中倾听与商业相关的讨论①,从而获得有价值的知识,并获得关于公司短期和长期管理战略的隐性知识。此外,家族成员的共同语言促进了内部知识转移,使企业能够进行无缝的内部沟通和交流。

当家族企业慢慢发展壮大起来,进入快速发展阶段时,社会网络的封闭性的弊端就表现出来,处在家族信任之内的行为主体无法使自己的行为超越网络外,导致亲属嵌入一个共同的网络中,最终不那么重视交换。当家族网络无法随着企业发展而得到相应的扩展时,就会使得家族企业社会资本无法满足企业发展的需要。

家族社会资本与代际传承

家族企业的代际传承是家族企业可持续发展的必经之路,在代际传承的过程中,家族社会资本也会存在传承问题。对家族企业代际传承中社会资本与家族企业持续发展关系的研究已经有很多,从最早的社会资本的基本维度制度、信任话题向家族治理、企业价值与绩效话题转变。

对家族企业的代际传承问题,管理界和学术界关心最多的还是所有权与控制权的传承,这是家族企业存续的基础。但是也有研究人员提出家族企业代际传承过程中还涉及知识的传递,而知识是企业运行中必不可少的一种资源。企业能否成功地完成代际传承,主

---

① 杨安宁,杨玉秀.社会资本结构与家族企业的可持续发展.湖北社会科学,2012(7):51-55.

要取决于家族企业独特的资源是否能够成功地实现代际转移,如果特定知识资源在传承中丧失或者弱化,极有可能导致家族企业在传承过程中面临失败。

关于社会资本对代际传承的影响,大部分学者主要在探讨两类问题:一些学者从代际传承的结果维度探究社会资本对代际传承的影响,论证社会资本在代际传承中的重要性;也有一些学者关注社会资本的代际传承过程,对社会资本的传承模型进行研究,探究如何更好地传承社会资本。基本逻辑如图19所示。

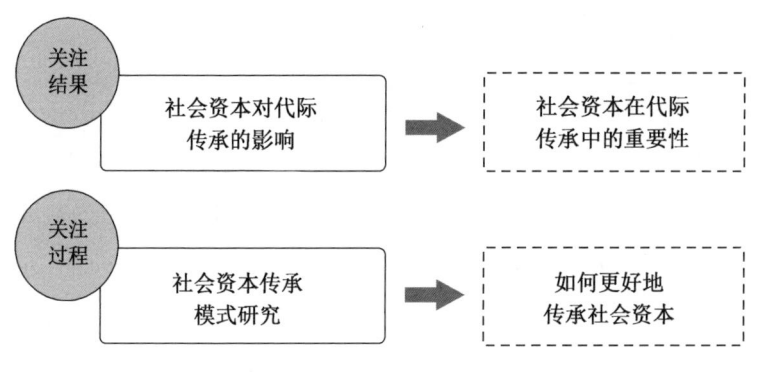

图 19　研究内容总结与整理

如果家族二代能够成功地将一代管理者所拥有的社会资本承袭,那么二代管理者也能够像一代管理者那样在企业中拥有重要的话语权。二代管理者的社会资本在拥有企业话语权后将得到进一步强化,进而得到企业利益相关者的支持和认同。家族成员所拥有的社会资本是家族企业的一项重要资源。根据资源依赖理论,企业为实现持续发展应不断与企业外部环境相互作用,进行资源互动。

社会网络可以为行动者带来社会支持,这主要包括情感性支持(如鼓励、关心等)和工具性支持(如资源、信息等)两个方面。基于社会网络结构观视角,代际传承后,继任企业家相对前任企业家社会网络规模、网络连带强度及网络密度的降低,对企业传承的关系绩效和经营绩效产生负向影响。企业通过社会资本的组织化、现代化、非家族化发展以及强化文化认知类社会资本,可以优化家族企业社会资本结构,提高社会资本总体的稳定性和延续性。

重要文献

[1] Coleman, J. S.. Social Capital in the Creation of Human-Capital. American Journal of Sociology, 1988, 94: S95 – S120.

[2] Drozdow N.. What is Continuity?. Family Business Review, 1998, 11(4): 337 – 347.

[3] Nahapiet, J., Ghoshal, S.. Social Capital, Intellectual Capital, and the Organizational Advantage. Academy of Management Review, 1998, 23(2): 242 – 266.

[4] Schulze, W. S., Lubatkin, M. H., Dino, R. N., et al. Agency Relationships in Family Firms: Theory and Evidence. Organization Science, 2001, 12(2): 99 – 116.

[5] Steier, L.. Next-Generation Entrepreneurs and Succession: An Exploratory Study of Modes and Means of Managing Social Capital. Family Business Review, 2001: 259 – 276.

第五篇　关系契约理论与家族企业治理

关系契约理论基础

契约(contract)是双方或者多方当事人之间的一种协议、约定，通俗地说就是合同，但是比合同的意义更广泛。契约的分类方式多种多样，典型的分类方式包括显性契约和隐性契约、正式契约和非正式契约、长期契约和短期契约等。

如果合同条款可以由第三方(法院或仲裁员)验证，我们就称其为正式条款。因此，如果不能由第三方核实，我们称合同条款为非正式条款。如果提供满足第三方核查违约证据的评价标准，则合同是正式的；如果合同的语言对第三方来说含糊不清，因而第三方可能无法确定是否发生了违约，则合同是非正式的。需要注意的是，正式契约并不一定需要被书写，而非正式契约也不一定都是口头的。

法学家 Macneil 基于人与人的交换关系提出了"关系契约"(relational contract)的概念。对关系契约是否正式的问题，威廉姆森认为关系契约是一种旨在灵活管理一种持续和特殊关系的非标准协议，这种观点强调了关系契约的非正式性和可持续性。关系契约并不需要对所有的内容条款都进行详细的规定，事实上几乎所有的契约都是不完全的,也无法对所有可能的结果进行全部正式安排。但一般的非完全契约并没有强调契约的连续性,而关系契约更多地关注在可预期的未来中契约双方的长期合作。所以关系契约相对于普通契约来讲,更多地强调了契约的长期性和未来合作的问题。

关系契约在企业内部和企业之间普遍存在。企业中有非正式的协议和不成文的行为准则,它们影响着企业内部成员的行为。在同事之间经常有非正式的交换条件,以及老板和下属之间关于任务分配、晋升和解雇决定的不成文的理解。关系契约可以消除部分正式契约的需要或者部分替代正式契约。

表5 关系契约特征

形式	范围	内容	基于
不完全的	在公司内部	并不对所有内容条款进行详尽规定	未来的关系
长期的	在公司内部以及不同公司之间	开放性	过去、现在和预期未来的关系
非正式的			关系嵌入性

总结来说,关系契约特点主要包含以下三点。关系嵌入性:关系契约中的交易各方的大多数互动发生在合约之外,不需要法院根据看见的条款来执行,契约的执行依赖于合作性交易关系。自我履约性:关系契约强调契约双方的人格化,如果契约双方在合作中出现分歧,关系契约强调契约双方可以通过合作或者其他补偿性方法来进行处理,在关系契约中契约双方的声誉对关系契约的维护非常重要。开放性:在不确定的环境下,契约双方对未来所有结果不可能在事前达成一致。关系性合约各方均同意就新问题进行不断协商,开放性使关系契约的交易成本降低。

关系契约文献分析

关系契约理论被提出以后,在管理、商业、法律、经济等领域都得到了一定的应用。以"Relational Contract"为检索关键词,通过检索 Web of Science,一共检索到了 2 468 篇文献,具体研究方向和研究数量如下所示。在 2 468 篇文献中,研究数量前三名的分别是 Management、Business、Economics,分别有 681 篇、440 篇和 319 篇,占比 58.3%。从研究数量可以看出,关系契约主要聚焦在经管领域。

首先,我们在 Web of Science 以关键词"Firm + Relational Contract""Enterprise + Relational Contract""Corporate + Relational Contract"检索企业管理领域中关系契约理论的应用。我们发现研究话题多集中在企业与战略联盟、供应链上下游和利益相关者的关系契约治理之上,并进一步影响企业的合作、效率与创新绩效等。而对于公司治理层面的研究较少。因此,我们进一步用"Relational Contract + Firm + Governance""Relational Contract + Enterprise + Governance""Relational Contract + Corporate + Governance"关键词检索,通过去重一共得到 283 篇文献。CiteSpace 分析结果如图 20 所示。由关键词分析可以看出,这一领域的研究主要集中在绩效、治理、交易成本、正式契约等方面。同时,通过聚类可以发现治理结构、关系契约、社会控制等在相关领域的研究也十分重要。

通过软件分析,我们发现这一领域研究有三个突现。第一个突现是"determinant",这一阶段主要关注关系契约和企业治理的决定因素。第二个突现是"transaction cost",这一阶段主要关注关系契约

```
transaction cost
  formal contract
           contract
    firm
determinant
  performance
    governance
  strategic alliance
```

#7 plural sourcing
#5 green governance performance
#6 partner-specific experience
#1 governance structures
#0 supply chain management
#2 relational contracts
#3 social control
#4 ambidextrous governance

图 20　关键词聚类分析

如何影响企业交易成本。第三个突现是"management",这一阶段主要关注关系契约如何在公司治理中被应用。

从研究趋势图可以看出,在关系契约和公司治理研究领域国外呈上升趋势,而国内的研究则相对较少,且该领域并非热点研究问题。通过对关系契约和公司治理文献进一步整理,我们聚焦在关系契约和家族企业公司治理中英文核心文献,并展开进一步分析。

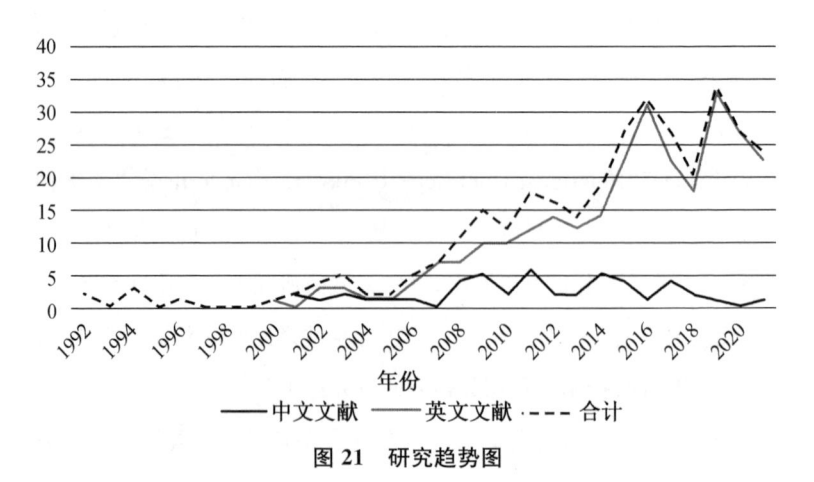

图 21　研究趋势图

关系契约理论与家族企业治理

关系契约在家族企业治理中的重要性

费孝通提出中国社会的人际关系呈现"差序格局"特征,他提出在中国的人际关系网络中家庭是非常重要的存在,亲属关系是社会网络关系中的主轴。每个人都是自己的社会关系网络的中心,通过血缘或婚姻等结成由亲到疏的关系网络。在这种关系网络中,每个个体都有为大群体成员服务的观念。家族企业的董事会、管理层包括员工在一定程度上以血缘或者亲缘联结,与其他类型的企业相比,关系联结是家族企业的重要特点之一。因此,讨论关系契约如何影响家族企业治理至关重要。不同的学者从声誉、文化、市场监管等角度肯定了关系契约在家族企业治理中发挥的重要作用。在企业内部、企业与企业之间,建立关系契约能够成为正式契约之外的一个重要补充部分。

家族企业内部重要成员之间特殊的血缘或婚姻关系是家族企业内部主要利益相关者之间关系网络的重要特征,这样的关系网络相比于非家族企业,更为稳定,而且具有更高的关系契约属性。例如,家族成员之间天生的信任和长期依赖关系更有利于成员之间的信息传递,同时也更有利于成员之间对彼此的监督。家族企业在经营的过程当中,家族管理者相对于职业经理人可以更容易获得股东或董事会的信任,以更低成本地利用加入股东的社会资本服务于企业,同时也更容易获得外部股东和其他利益相关者的支持。

除正式契约之外,关系契约通过情感、信任等发挥着不可替代的作用。亲缘关系是家族企业的重要特点,家族成员在尊崇家文化的基础上缔结的关系契约能为家族企业的科层制度管理提供运行规则和根本性支撑①。

关系契约治理在公司治理中并不完全是正面性的,关系契约对家族企业治理也可以存在负面效应。需要通过合理运用关系契约治理,使关系契约在家族企业治理中发挥最大效用。通过对关系治理进行正确约束,可以提高企业家族绩效。

从经营视角来看,和行业内竞争者建立关系系统能够降低家族企业的经营风险,这种关系系统只对家族企业有好处,但对行业来说并无显著益处。研究发现,中小家族企业家族理事会部分替代了股东大会和董事会在公司治理中发挥的所有权和监督作用,短期来看有利于家族企业发展,而到了企业生命周期后半段,则不利于家族企业发展。所以从这个角度看,关系契约对于处于不同生命周期的家族企业的影响是存在显著差异的。

关系契约与家族企业绩效

在利用关系契约理论透视家族企业的公司治理问题时,许多学者从企业的经营绩效和发展表现切入,研究关系契约和关系治理对企业的经营决策和绩效表现的影响。

在现实经营活动中,显性契约的治理效力是强于隐性契约的。大多数研究证实,家族企业的关系契约或关系契约治理对家族企业的绩效总体呈现正向影响。在中国特有的差序格局社会关系网络

---

① 吕鸿江,吴亮,周应堂.家族企业治理模式的分类比较与演进规律.中国工业经济,2016(12):17.

中,家族企业董事会成员之间特殊的社会关系更有助于董事会团队的合作,提高家族企业的治理效率。

创新是一项高风险投资,具有典型的投资大、回收期长的特点。企业与企业间或战略联盟间关系契约的建立可以促进家族企业的创新活动。从信息传递的视角出发,家族内部成员或者家族之间特殊的社会关系有助于提升彼此的信任,而这种信任是企业进行大规模研发投入的基本保障,同时也更有利于促进专有知识的创造与传播,提升企业创新绩效。

CEO 是家族企业治理中的重要角色。家族成员 CEO 一方面面临保护家族对企业控制权的需要,另一方面又要带领企业持续壮大,所以在行为选择时可能存在明显的差异。从关系治理的逻辑来看,家族企业 CEO 的社会关系是依托家族企业的社会关系网络而存在的,而非其自身独立于家族企业的社会资本,因此无法为家族企业带来额外的社会资源[①],所以家族 CEO 的社会资本与其薪酬激励无关,而非家族 CEO 的社会资本与其薪酬呈正相关,即企业愿意为非家族 CEO 的社会资本付出报酬。此外,关系契约还对 CEO 薪酬激励的一些迷思提供了解释的思路。CEO 有时会因为他们无法控制的公司表现而获得额外报酬,但这从代理视角来看则是一种成本的增加,使得 CEO 薪酬成为一种低效的激励方式。

一些学者运用关系契约理论,探究家族企业治理和代际传承的关系,以及处于不同生命周期的家族企业的关系治理。从代际传承的视角来看,家族企业不可以过度依赖关系契约治理,因为初创者无

---

① Young, C.-S., Tsai, L. C.. The Sensitivity of Compensation to Social Capital: Family CEOs vs. Nonfamily CEOs in the Family Business Groups. Journal of Business Research, 2008, 61(4): 363-374.

论是在内部还是外部都会更有威信力,得到更多的信任,有更高的声誉,而声誉、社会、政治关系等专用性资产很难被复制或转移给继任者。但是,当机会主义行为的收益足够大时,接班人有可能会背叛家族企业,因此需要借助一定的契约对接班人的行为进行约束。泛家族化传承中接班人通常会受到情感与规则的双重约束[1],关系资本的传递对家族企业代际传承的成功与否还是非常重要的,尤其是发展早期的家族企业。家族企业创业初期,创始人主要依赖于其个人的社会资本来创造价值,随着企业及创始人家庭的扩张,家庭成员进入企业后,家庭成员个人的和家庭的社会资本逐渐被企业所利用。随着家族企业的持续壮大,进入家族企业管理层的家族成员规模越大,关系也越来越复杂。复杂的家庭关系可能会导致企业内部管理混乱,所以进入成熟期的家族企业,基于关系契约的治理可能并不利于企业的发展。

家族企业从小到大的发展过程中,主要存在着两种治理模式:基于关系契约的治理和基于正式契约的治理,在家族企业不同的生命周期,两种模式互相补充、相辅相成。基于已有的家族企业管理实践,绝大部分家族企业在初创到成长期,更多地依赖以家庭关系为基础的契约关系治理,尤其是在家庭多代成员共同管理企业的时期,契约治理模式尤为明显。而随着家族企业规模的扩大,越来越多的职业经理人进入企业管理层,内部家族成员的关系也越来越复杂,仅依赖于血缘或婚姻关系而维持的关系契约治理无法适应企业的发展,因此家族企业越来越多地转向正式契约治理。对于家族企业治理方式的选择问题,一些学者认为,应当根据家族企业所处的经营环境做

---

[1] 马玉菁. 契约视角下中国家族企业传承模式演进研究. 东北财经大学,2015.

出相应的治理策略改变。Pittino等学者认为,中小家族企业应当选取与其中小联盟特征相一致的契约和关系治理结构,其逻辑类似于制度理论中的模仿策略,在中小企业经营不确定性较高的情况下模仿同行以降低风险。当不确定性存在时,家族企业需要采取正式治理的举措,因为在不确定性高的环境下人们倾向于信任更清晰的信息(正式契约),而非关系契约。

关系契约在家族企业中普遍存在,在家族企业公司治理中有很强的适用性,但目前关于家族企业关系治理的研究相对较少。关系契约理论在家族企业公司治理研究中应用广泛,在创始人治理家族企业后期,有少数家族企业引进职业经理人团队管理家族企业,更多的家族企业还是争取实现代际传承。所以,探究家族企业关系契约治理的有效性是重要的话题。

重要文献

[1] Li, Q., Ding, D., Huang, S.. Changing of Internal Governance Mode and Performance in Family Firms after Professional Manager Recruitment. Paper Presented at the Conference of The International-Institute-of-Applied-Statistics-Studies, Yantai, 2008.

[2] Macneil I R.. Contracts: Adjustment of Long-Term Economic Relations under Classical. Northwestern University Law Review, 1978.

[3] Pittino, D., Mazzurana, P. A. M.. Alliance Governance and Performance In SMEs: Matching Relational and Contractual

Governance with Alliance Goals. Entrepreneurship Research Journal,2013,3(1):62-83.

[4] Williamson O E.. Transaction-Cost Economics: The Governance Of Contractual Relations,1979.

[5] 刘仁军.关系契约与企业网络转型.中国工业经济,2006(06):91-98.

[6] 田银华,周志强,廖和平,等.基于BP神经网络的家族企业契约治理模式识别与选择研究.中国管理科学,2011,19(001):159-166.

第六篇　社会情感财富理论与家族企业治理

社会情感财富理论

理论起源

家族企业领域的研究在过去的 20 年里取得了飞速的发展，这种发展很大程度上归因于 Gomez-Mejia 等在 2007 年提出的社会情感财富理论（Socioemotional Wealth，SEW）。从前景理论和行为代理理论的视角出发，社会情感财富理论揭示了家族企业管理者背离企业经济目标而进行战略决策的解释机制，而家族企业的这一行为特征也被学者认为是区别于非家族企业的一个重要因素。具体来讲，社会情感财富是指家族企业追求维护家族控制、促进代际传承、保留社会资本以及与公司的情感联系等非经济目标，它作为家族企业管理者的一个重要决策参考点，影响着企业的战略选择。近年来，国内外有关社会情感财富理论的研究呈现稳步增长的趋势，且该理论较好地解释了家族企业公司治理决策、企业社会责任、CEO 风险承担行为、创新研发投入等领域的相关议题。

以往关于家族企业的研究多从分析一般企业的管理理论展开，

主要的研究成果是基于代理理论、行为代理理论、管家理论、利益相关者理论和资源依赖理论等获得的。当把上述理论迁移到家族企业的情境中进行解释时,其本身的前提假设有可能难以被完全满足或与之冲突[①]。例如,代理理论从理性的经济人的假设出发,这种假设的结果是企业的股东和管理者存在着典型的目标不一致和风险承担不一致,那么股东就会想尽一切办法来激励和约束管理者,监督也成了企业董事会的重要职能。这种假设在家族企业中可能存在着很大的不适应性,家族企业的管理者绝大部分情况下是家庭成员,区别于一般职业经理人,家庭成员在做出决策时有可能出于对家族利益的关注而表现出非经济性。他们很多时候具备比较利他主义导向,有时不需要额外的物质激励也会对家族企业尽心尽责,这时,代理理论理性人的假设前提就没有很好地在家族企业的情境中被满足,因此,该理论对家族企业经理人行为的解释机制就相应弱一些。

家族企业的独特性是相对于非家族企业的行为特征而言的。在管理实践中,学者发现家族企业有时会偏离其经济目标,而去追求一些非经济目标的实现。针对这一有趣的现象,部分学者通过引入家族价值观、财产依恋和情感价值等概念对此进行解释。

2007年,美国亚利桑那州立大学商学院院长Gomez-Mejia等在对西班牙1200多个家族企业的决策行为进行研究后,提出了社会情感财富理论,而该理论也被众多学者认为是家族企业在本质上区别于其他企业组织形式的最重要特征,此后也成为关于家族企业研究的理论基础。

[①] 窦军生,张玲丽,王宁.社会情感财富框架的理论溯源与应用前沿追踪——基于家族企业研究视角.外国经济与管理,2014,36(12):64-71,80.

理论内涵

社会情感财富理论,强调家族企业区别于非家族企业的最大特征在于:家族管理者在运营企业的过程当中除了获取正常的剩余利润,还能够获得很强的非经济利润,比如情感和家族社会地位。具体来讲,社会情感财富包括行使权力的能力、维系家族成员之间的亲近关系、满足自身的归属、特殊情感和亲情的需求、建立与维持正面的家族形象、声誉和地位,以及传承家族价值观和财产等方面的内容。

从理论逻辑的角度来看,社会情感财富理论是行为代理理论的延伸。行为代理理论认为,决策者是企业进行战略选择的关键要素,决策者会结合自己的风险偏好以及所面临的环境为企业进行战略选择,这种选择会随着外部环境的改变而改变[1]。也就是说从行为代理理论的角度来看,决策者自身的特征是影响企业战略决策的关键要素,而外部环境则起到约束作用。决策者会使用一个参考点来比较全部可选方案的预期结果,他们会将决策定义为有潜在收益的积极决策和有潜在损失的消极决策。决策者属性和外部环境特征可以形成多种组合影响企业的决策,比如在积极的环境中,不同的管理者可能做出差异较大的决策,有的企业因为现金流丰富而积极地去寻求创新,但有的企业可能因为自身较好的财务和绩效表现而安于现状,倾向于保护已有的财富。

社会情感财富理论和行为代理理论在家族企业中有很强的应用基础。社会情感财富理论认为,家族企业的决策者在进行决策时主

---

[1] Cyert R M, March J G. A Behavioral Theory of the Firm, 2nd ed. Prentice-Hall, Englewood Cliffs, 1992.

要的决策参考点是社会情感财富的得失,关键决策者的主要参考点便是家族成员的社会情感财富得失而非经济得失。家族企业的管理者可能会为了保护或是增加家族成员的社会情感财富而做出背离经济效益目标的决策。出于对社会情感财富的保护,家族企业的决策者可能更倾向于相对保守的决策,但研究显示这种倾向更多地表现在创业初代的管理者身上。对于成功接班的二代管理者往往表现为更强的变革倾向和创新表现。

关于家族企业社会情感财富的研究不断深入,尤其是关于社会情感财富的构成及度量问题有很多学者进行了讨论。关于社会情感财富构成划分,Berrone 等提出的 FIBER 五维度划分[1]被广泛认同。社会情感财富主要由 5 个方面构成:家族对家族企业的控制与影响、家族成员对家族企业的认同、家族管理人员紧密的社会关系、家族成员的情感依恋以及传承意愿。其中,F 代表"家族控制和影响",具体是指家族可以基于所有权、成员的个人魅力以及社会地位等,通过任命 CEO、董事会主席或者高管等方式对家族企业直接施加控制,来影响公司的战略决策。I 代表"家族成员对家族企业的认同",具体是指家族成员把企业看作家族的一种延伸,注重企业的内外部形象、地位和声誉。B 代表"紧密的社会关系",具体是指家族把其内部成员间的互惠关系进一步扩展到非家族员工、企业上下游合作伙伴甚至是与企业相关联的社区中,并形成一种紧密的社会网络。E 代表"情感依恋",具体是指家族成员把公司视为一种归属感、特殊情感和亲密需求得到满足的地方。R 代表"传承意愿",具体是指家族成员

---

[1] Berrone P, Cruz C, Gomez-Mejia L R. Socioemotional Wealth in Family Firms: Theoretical Dimensions, Assessment Approaches, and Agenda for Future Research. Family Business Review, 2012, 25(3): 258-279.

将企业看作一项长期的家族投资并将其遗赠给后代的意愿。

家族企业社会情感财富文献分析

发文趋势

本研究对使用社会情感财富理论研究家族企业公司治理相关话题的中英文文献进行检索和筛选。使用 CNKI 和 Web of Science 两个平台分别对中英文文献进行检索,对关键词进行如下几个方面的限定,分别是 ① 家族企业(family firm/family enterprise/family business);② 社会情感财富(socioemotional wealth/social-emotional wealth);③ 治理(governance)。其中,中文限定检索 C 刊,英文限定检索 WOS 核心。经过文献去重后,最终得到英文 505 篇,中文 71 篇。

从年发文量来看,关于社会情感财富的研究,英文文献的总体数量超过中文文献。这说明国外关于社会情感财富的研究发展略快于国内,这也代表着在国内家族企业的情境中,社会情感财富的研究仍有较大的发展空间。

从发文趋势来看,英文文献数量整体上呈现逐年攀升的趋势,中文文献数量呈现波动上升的趋势,且二者同时在 2020 年达到一个发文数量的小高峰,在此之后略呈下降趋势。这说明有关社会情感财富的研究可能正在经历从量的积累到质的积累的发展过程,我们呼吁学者们向社会情感财富理论的纵深处挖掘和延伸。

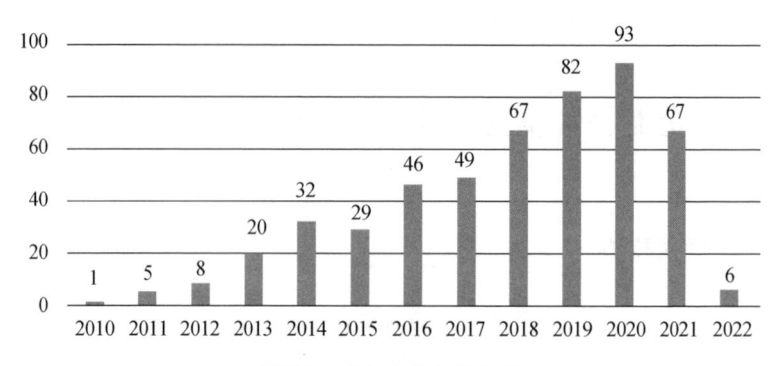

图 22　英文文献年发文量

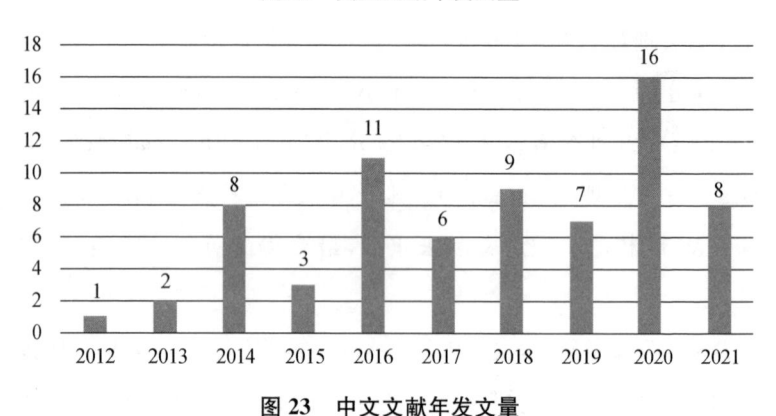

图 23　中文文献年发文量

研究焦点

针对关键词共现的结果进行分析,本研究发现:中英文文献中出现频次较高的关键词有社会情感财富(socioemotional wealth)和家族企业(family firm)。除此之外,在英文文献中,其他出现频率较高的关键词包括:绩效(performance)、所有权/所有者结构(ownership/ownership structure)。以及和该理论相关的关键词:管家理论(stewardship)、行为代理理论(behavioral agency)、代理理论

(agency),除此之外还有家族涉入(involvement)、企业社会责任(CSR)等。中文文献的共现结果与此类似,出现频率较高的关键词包括家族控制、家族涉入、代际传承、企业绩效、创新投入、慈善捐赠等。以上结果表明,关于社会情感财富的研究大部分集中于家族企业的绩效、家族控制、家族涉入和企业社会责任等话题。

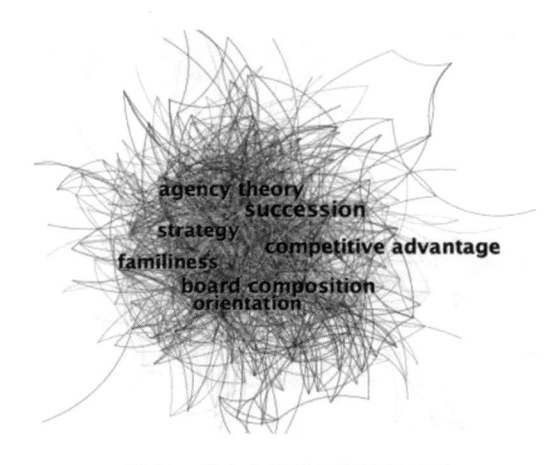

图 24　英文文献关键词共现结果

图 25　中文文献关键词共现结果

针对关键词聚类的结果进行分析,在英文文献中,首席执行官(CEO)、家族控制(family control)、企业社会责任披露(csr disclosure)、绩效(performance)、外商直接投资(foreign direct investment)是常被关注的话题;而在中文文献中,多元化、家族涉入/家族控制、代际传承、公司创业等是常被关注的话题。

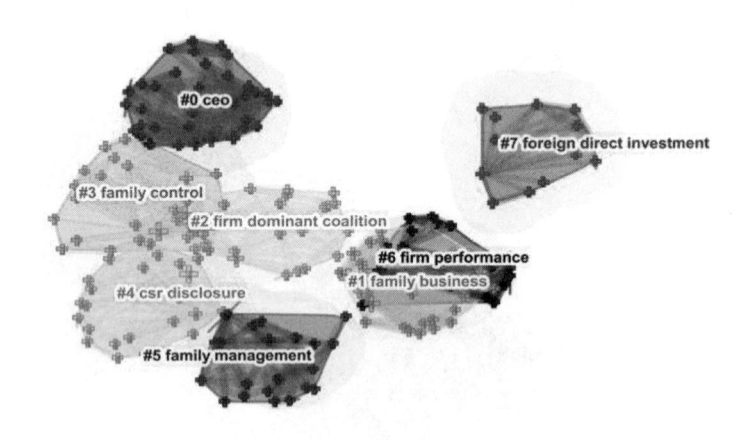

图 26　英文文献关键词聚类结果

图 27　中文文献关键词聚类结果

社会情感财富视角的家族企业创新

现有研究的整体框架

根据社会情感财富理论,家族运营家族企业的主要参考决策点是家族的社会情感财富,家族管理者进行决策的主要目标是保护社会情感财富,并将其传承给后代。所以为了维护社会情感财富以及对家族企业的控制权,绝大部分的家族企业通常会避免采用一些冒险的行为,实施比较消极的创新策略。但从家族的长期导向以及持续经营的角度,相对于非家族企业而言,家族企业可能更多地表现为长期导向,加强企业的创新研发投入。我们沿着学者们有争议的分歧点,将"在社会情感财富的理论视角下,家族企业更倾向于还是尽量避免进行创新投入和创新能力的提升,即家族企业的社会情感财富到底是促进还是抑制了企业创新"。作为综述家族企业创新的整体逻辑,分别整合梳理了支持两种不同观点的国内外相关主题文献,试图厘清冲突观点背后的理论路径和实证证据,清晰地呈现家族企业创新的研究脉络。

在所有以"家族企业社会情感财富的存在会以某种方式抑制家族企业创新"为主要观点的国内外研究中,主要有3种解释机制。分别是 A. 家族企业出于保持或增加社会情感财富的动机减少研发支出;B. 家族企业为了保持家族控制,使得企业的创新可用资源减少,不利于企业创新;C. 家族企业的家族属性会导致决策具有保护主义倾向,促使企业降低研发投入。相反地,在以"家族企业社会情感财富的存在会通过某种途径促进家族企业创新"为主要观点的国内外

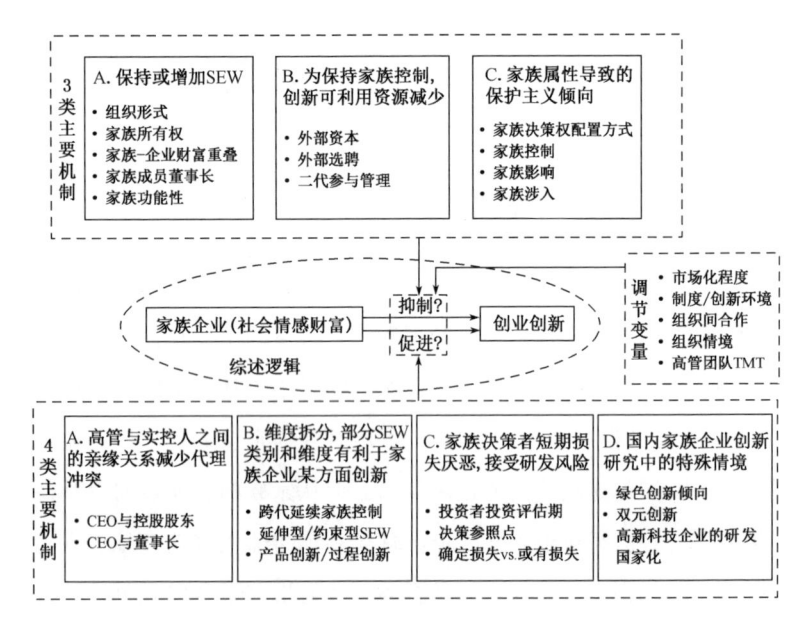

```
┌─────────────────────────────────────────────────────────────┐
│ 3  │ A. 保持或增加SEW  │ B. 为保持家族控制, │ C. 家族属性导致的 │
│ 类  │ • 组织形式        │ 创新可利用资源减少 │ 保护主义倾向      │
│ 主  │ • 家族所有权      │ • 外部资本         │ • 家族决策权配置方式│
│ 要  │ • 家族-企业财富重叠│ • 外部选聘         │ • 家族控制        │
│ 机  │ • 家族成员董事长  │ • 二代参与管理     │ • 家族影响        │
│ 制  │ • 家族功能性      │                    │ • 家族涉入        │
└─────────────────────────────────────────────────────────────┘
```

```
                              ┌──抑制?──┐                调节   • 市场化程度
     家族企业(社会情感财富) ──┤         ├── 创业创新    变量   • 制度/创新环境
                              └──促进?──┘                       • 组织间合作
              综述逻辑                                           • 组织情境
                                                                 • 高管团队TMT
```

```
┌─────────────────────────────────────────────────────────────────────┐
│ 4 │ A. 高管与实控人之间 │ B. 维度拆分,部分SEW│ C. 家族决策者短期损│ D. 国内家族企业创新│
│ 类 │ 的亲缘关系减少代理 │ 类别和维度有利于家族│ 失厌恶,接受研发风险│ 研究中的特殊情境   │
│ 主 │ 冲突              │ 企业某方面创新     │ • 投资者投资评估期│ • 绿色创新倾向    │
│ 要 │ • CEO与控股股东   │ • 跨代延续家族控制 │ • 决策参照点      │ • 双元创新        │
│ 机 │ • CEO与董事长     │ • 延伸型/约束型SEW │ • 确定损失vs.或有损失│ • 高新科技企业的研发│
│ 制 │                   │ • 产品创新/过程创新│                    │ 国家化            │
└─────────────────────────────────────────────────────────────────────┘
```

图 28 家族企业创新研究综述框架

研究中,主要有 4 种解释机制。分别是 A. 高管与实控人之间的亲缘关系能够有效减少代理冲突,为家族企业长远发展考虑而进行研发投入;B. 对社会情感财富这个多维伞状概念进行细化拆分,部分社会情感财富的类别或维度是有利于家族企业在某一方面的创新行为的;C. 决策者短期损失厌恶观点被纳入该研究领域,这样的家族决策者能够接受研发给企业带来的风险;D. 特别的是,国内的家族企业在中国情境中会受到政策或宏观背景的影响,积极进行绿色创新、双元创新以及研发的国际化。另外,在对文献进行分类梳理综述的过程中,发现了部分被学者们高频应用在研究框架中的调节变量,例如,宏观层面的市场化程度、制度环境、组织层面的组织间合作、组织情境,以及个体层面的 CEO 政治联系等,因此对主要的调节变量进行了总结和梳理,意在厘清该研究问题适用的边界条件和具体应用场景。下面,我们将进行具体的综述。

不一致的研究结论

1. 社会情感财富抑制家族企业创新

自社会情感财富理论诞生以来,很多基于社会情感财富视角的企业创新研究结果表明,家族企业相比于非家族企业更倾向于减少研发投入和企业创新。当时的家族企业相关研究一致认为,家族企业是家庭主体,相比于非家庭主体有更强的长期导向。家族企业的家庭主体更倾向于选择能使家族和企业获得长期收益的活动,而企业创新短期内虽然需要耗费大量资金,并且具有一定的失败风险,但在长期内能够降低企业经营风险,为企业带来利益,因此家庭主体应该更倾向于选择创新这种具有长期导向的经营活动。但早期基于社会情感财富理论视角的家族企业创新的实证研究似乎并不符合这一普遍认知,有三个主要原因解释这个现象。

首先,研发是具有高度不确定性的活动,研发成功可能会给企业带来竞争优势,但失败势必会造成社会情感财富的损失,企业会出于维持或增加社会情感财富的动机减少研发和创新;其次,家族为了保持对企业的控制或者其他目的(如二代传承),对外来资本和外部管理人员的接受程度较低,不利于获取相关资源,减少了企业的创新机会;最后,由于家族属性所带来的保守主义倾向,也使得家族所有者或管理人员难以独立做出冒险的决策,导致家族企业的研发投入降低。

基于社会情感财富理论,与非家族企业相比,家族具有保持或增加社会情感财富的意愿倾向于减少研发投入。研发投入是一项高风险的活动,研发成功可能会增加企业的竞争优势和财务绩效,但研发失败会给企业带来社会情感财富的损失,家族企业对保持或增加社会情感财富的强烈愿望会使其具有回避损失的倾向,因此,家族企业相比于非家族企业会进行更少的研发投入。家族的控制权以及家族-企业财富重叠度越高,企业越倾向于认为企业的财富就是家族的财富,企业的损失不仅是企业的损失,还是家族的损失。家族所有权和家族-企业财富重叠度会促使企业更关注社会情感财富,更惧怕社会情感财富的损失,因此会倾向于降低企业的研发投入。

家族为实现对企业的控制,避免控制权和影响力被稀释,对外部资本的开放程度低,并且会避免从外部获取资金,进而使企业很难有充足的资金进行持续的研发投入,阻碍了家族企业的创新[①]。父辈为了使二代在接任时具备较高的合法性和权威性,更倾向于将企业资源投入能在短期内带来财务绩效增长的项目中,因此会削减研发投入,以避免给二代的传承过程带来负面影响。

Gast 指出,由于外部资本可能会稀释家族对企业的控制权和影响力,因此家族控制高的企业更不愿意引入外部资本,而创新或研发是资源耗费大、回报周期长的经营活动,需要企业进行大量的资源投入。因此家族控制会使企业拒绝外部资本的加入,减少企业创新。李常洪从 573 家上市家族企业 2011—2015 年的面板数据实证中发现,家族为避免控制权被稀释,对外部资本的开放程度较低,同时,家族控制强的企业会避免向外获取资金,这样企业很难有充足的资金

---

① Gast, J., Filser, M., Rigtering, J. C., et al. Socioemotional Wealth and Innovativeness in Small and Medium-sized Family Enterprises: A Configuration Approach. Journal of Small Business Management, 2018, 56: 53 – 67.

持续进行研发投入,这种谨慎态度将阻碍企业寻求创新机会[①]。

现有研究表明,家族成员倾向于遵循家庭议程,难以独立做出冒险的决定。因此,当家族成员在家族企业中的决策权和影响力足够大时,会造成研发投入/创新的显著减少。Gast 等对 452 家瑞士家族企业进行模糊集定性比较分析发现,家族控制和家族影响诱导家族企业的决策人在做决策时遵循家庭议程,难以独立做出冒险的决定。而企业创新和研发投入本身具有很高的风险,家庭议程在做决策时更偏向于保守主义,使企业创新很难落地实施。

2. 社会情感财富促进家族企业创新

如前文所述,出于对社会情感财富的保护,家族企业对创新活动态度消极。但后来的研究表明,家族社会情感财富对家族企业创新的影响在特殊的决策环境下也可能表现为积极的关系。这种积极关系的理论基础,主要是家族管理团队的关系性契约的存在。家族企业实控人与高管团队之间的亲缘关系能减少代理问题,促使家族企业注重长期导向的创新活动。相对于非家族企业非常重要的第一类代理问题,在家族企业中因为管理者和股东的融合而被弱化,加上企业管理者更多地表现为管家的角色,这使其在决策时表现出更多的长期导向。所以基于创新活动的高风险、高回报、长期性等基本属性,加上企业管理者出于家族企业传承的角度也可能倾向于进行研发投入。研究发现,相比于非家族 CEO,家族 CEO 会更倾向于促进公司专有投资、为组织内合作以及知识的传递提供便利,更加重视公司长远的发展。

---

① 李常洪,郭嘉琦,焦文婷,等.家族控制与企业创新投入——信息透明度的调节效应.科技进步与对策,2018,23:106-112.

社会情感财富的构成有多个维度(家族控制和影响、家庭成员组织身份认同、社会联结、家庭成员的情感依恋以及家族传承导致的家庭纽带的更新),不同维度对企业创新能力的影响不同。社会情感财富与创新能力之间都存在着互惠(reciprocal)的关系。企业未来适应能力和竞争能力的提升有助于提升未来企业的业绩和家族在企业中的地位,如果家族寻求保存这类社会情感财富,就会增加研发投入。

表6　社会情感财富和创新动态能力的互惠关系[①]

分类	形态能力		
	洞察	学习	变革
家庭控制和影响	积极	积极	积极/消极
家庭成员组织身份认同	积极		积极
社会联结	积极	积极	积极/消极
家庭成员的情感依恋	积极	积极	积极
家庭传承导致的家庭纽带的更新	积极	积极	积极

如果家族决策者具有短期损失厌恶特点,就能够接受具有长投资评估期的研发投入的风险。根据短视损失厌恶的观点,决策者的投资评估期决定了决策问题的框架,进而影响决策者最终的选择。具有长投资评估期的决策者能够接受风险,是因为他们将长期收益作为决策参照点,研发决策被框架化为未来收益增长机会的确定损失与或有损失之间的选择。换言之,投入研发未必一定能取得期望的收益(未来收益增长机会的或有损失),但不投资一定会损失期望

---

① Fitz-Koch, S., Nordqvist, M.. The Reciprocal Relationship of Innovation Capabilities and Socioemotional Wealth in a Family Firm. Journal of Small Business Management, 2017, 55(4): 547-570.

的收益,这使决策者倾向于对未来投资承担风险,选择仍有希望取得未来收益和回报的创新研发行为。

家族控制与家族企业公司治理

家族控制的内涵

家族控制有时会作为解释家族企业治理问题的理论机制,而有时则会成为研究框架中的关键概念。

家族控制,即家族成员对战略决策施加的直接控制或间接控制,这也是区分家族企业和非家族企业的一个关键特征[1]。家族控制可以通过多种形式实现,比如家族成员担任首席执行官、董事会主席,任命高层管理团队的成员等。Chua、Chrisman & Sharma 最早将"家族控制"定义为由同一家族或少数家族成员组成联盟,在企业内通过管理等方式,在家族或家族几代人之间持续行使权力。

由于定义的不统一,学者们在测量的过程中存在多样化的做法。大部分学者使用代理变量间接测量家族控制,在操作过程中分别用股权、投票权(控制权)或管理参与来衡量家族企业中家族控制的程度,也有部分学者使用问卷直接测量家族控制。

---

[1] Schulze W S, Lubatkin M H, Dino R N. Toward a Theory of Agency and Altruism in Family Firms. Journal of Business Venturing, 2003, 18(4): 473-490.

表 7 家族控制的测量方法及相关文献

间接测量	股权	家族创始成员或后代持有的部分股权	Anderson & Reeb, 2003; Lee, 2006; Tognazzo et al., 2013; Bannò & Sgobbi, 2015
		家族持有的公司股权的百分比	Sciascia et al., 2014; 于树江等, 2020; Li et al., 2020
		家族或家族自然人直接或间接持有上市公司的终极所有权或终极股权比例	严若森和叶云, 2014; 朱丽娜和高皓, 2020
		虚拟编码, 将家族持股比例大于等于20%编码为"1", 低于20%编码为"0"	Bannò, 2016
	投票权	直接用投票权(控制权)来表示家族控制	Achleitner et al., 2015; Tsao et al., 2017; Labelle et al., 2018; Luo et al., 2019
		将控制权等同于股权	李常洪等, 2018; 周立新, 2018
		相对控制权:实际控制人与上市公司股权关系链或若干股权关系链中最弱的一层或最弱一层的总和	惠男男和许永斌, 2014; 严若森和叶云龙, 2016
		两权分离程度:控制权和现金流权之比	辛金国等, 2017
	管理参与	家族成员在管理委员会和监事会的席位比例	Thomas et al., 2015
		家族企业创始人是否以总经理或董事长的身份参与企业管理	Real et al., 2018
		至少一名家族成员在企业管理层中从事管理工作	朱丽娜和高皓, 2020

(续表)

直接测量	量表	"家族应该拥有企业大于50%的股权""企业的战略决策必须由家族成员控制""企业的关键岗位必须由家族成员控制"	朱沆等,2016
		"家族企业的大部分股份由家族成员拥有""家族企业中,家族成员对公司的战略决策施加控制""家族企业中,大多数高管职位都由家族成员占据""家族企业中,非家族管理人员和董事由家族成员命名""董事会主要由家族成员组成""保持家庭控制和独立是家族企业的重要目标"	Berrone et al., 2012

根据已有研究,家族控制对于家族企业的公司治理的影响主要可以分为对非经济目标的影响和对经济目标的影响。如图29所示,其中对于非经济目标的影响主要表现为影响家族企业的企业社会责任承担和代际传承;对于经济目标的影响主要表现为影响家族企业的创业创新及风险控制。

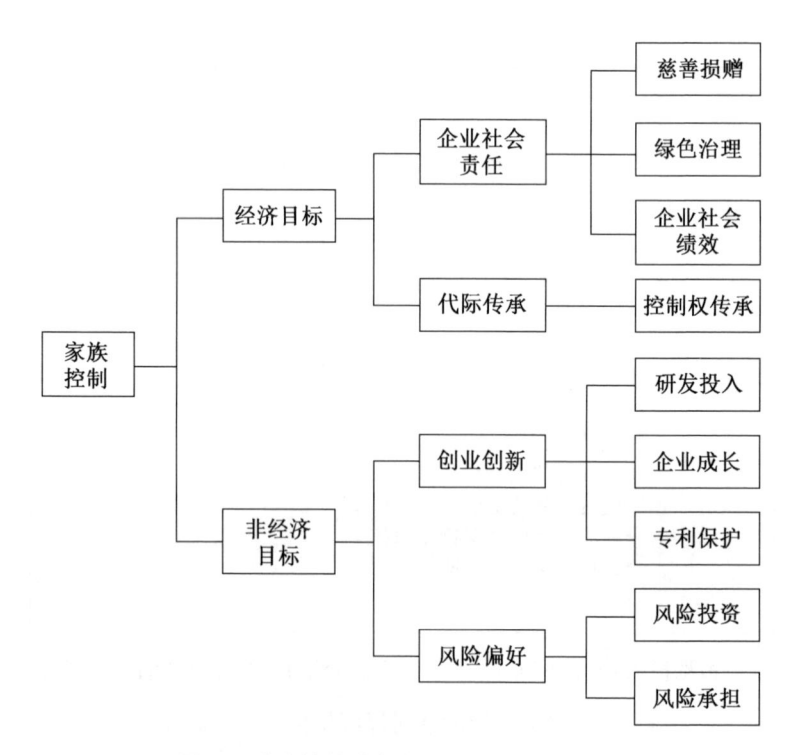

图 29　家族控制对家族企业公司治理的影响

家族控制的治理作用

　　家族控制是对家族企业界定的重要判断标准，也是家族社会情感财富的第一构成要素。为了维持家族对企业的控制，家族企业在决策时可能表现为非经济动机，这也是社会情感财富理论解释家族企业的基本逻辑。从公司治理的角度，家族对家族企业的控制（家族控制）是重要的治理机制，对企业经济或非经济行为都产生重要的影响。

　　考虑家族企业是否履行社会责任的问题，家族控制是家族企业进行社会责任决策的重要依赖因素。企业社会责任强调企业在运营的过程当中并不完全追求利润最大化，为了维系企业长期可持续发展，企业应该保护所有利益相关者，实现利益相关者的财富最大化。家族作为家族企业的股东，在履行企业社会责任时，家族成员一定会在考虑经济目标的同时关注家族控制问题。家族不可能为了履行社会责任而失去对家族企业的控制，同时如果履行社会情感财富更有利于家族对企业的控制，家族会愿意承受因为履行企业社会责任而带来的经济损失。

社会情感财富作为一种心理或情感层面的解释机制，能够在一定程度上解释家族企业承担企业社会责任的动机。一般情况下，企业承担社会责任会花费一定的成本，且企业社会责任的回报往往具有一定的不确定性，职业经理人会尽量减少企业的企业社会责任行为来提高公司的短期利润。但是，随着家族对企业控制的不断加深，企业承担社会责任的意愿也更强。然而，家族控制会削弱这种代理问题。家族企业的社会情感财富和是否履行社会责任在很大程度上是相通的，随着家族控制的加强，家族企业的家族成员管理者对企业的认同越来越高，同时也越来越重视家族企业本身的社会资本。为了保护家族企业的社会情感财富，家族成员可能更倾向于去履行企业社会责任。

部分学者对家族企业社会责任参与或投入的绩效结果开展的进一步研究发现，即使不受其他外界因素的影响，家族控制对于企业社会绩效（CSP）的影响也并不是单一地促进或削弱，而是呈现一种倒U型关系：当家族控制较低时，家族企业所有者会投入更多的社会主动性去保护社会情感财富，其CSP也会更高；而当家族控制比例超过一定比例时，家族企业的社会责任绩效就会呈现下降的态势。

Chen等研究发现,家族控制会给创业公司带来更低的销售额增长和更高的就业增长,这是因为家族企业往往会兼顾非经济目标,承担社会责任。

代际传承这一家族企业所具有的独特的非经济目标也受到家族控制的影响。从保护家族成员社会情感财富的心理动机视角来看,创始人的社会与政治地位,是社会情感财富的组成部分,可以增加继承人担任公司董事长或总经理的可能性,促进了家族企业控制权的代际锁定①。企业经营稳健后,控制家族会更关注社会情感财富的延续,因而会主动让渡部分控制权来促进二代的顺利接班。

利用社会情感财富理论解释家族企业的行为时,更多的研究聚焦于解释家族企业对非经济目标的追求。实际上社会情感财富理论对家族企业的经济性决策也有一定的解释作用,已有研究表明家族成员个人的社会情感财富、家族的社会情感财富对家族企业的经济型决策也会产生重大影响。

重要文献

[1] Bannò M. Propensity to Patent by Family Firms. Journal of Family Business Strategy,2016,7(4):238-248.
[2] Berrone P,Cruz C,Gomez-Mejia L R. Socioemotional Wealth in Family Firms:Theoretical Dimensions,Assessment Approaches,and Agenda for Future Research. Family Business Review,2012,

---

① 胡旭阳,吴一平.创始人政治身份与家族企业控制权的代际锁定.中国工业经济,2017(05):152-171.

25(3):258-279.

[3] Chrisman, J. J., Patel, P. C.. Variations in R & D Investments of Family and Nonfamily Firms: Behavioral Agency and Myopic Loss Aversion Perspectives. Academy of Management Journal, 2012, 55(4):976-997.

[4] GOMez-MejIA L R, Haynes K T, NÚñez-Nickel M, et al. Socioemotional Wealth and Business Risks in Family-Controlled Firms: Evidence from Spanish Olive Oil Mills. Administrative Science Quarterly, 2007, 52(1):106-137.

[5] Nakano M, Nguyen P. Board Size and Corporate Risk Taking: Further Evidence from Japan. Corporate Governance: An International Review, 2012, 20(4):369-387.

[6] Swab R G, Sherlock C, Markin E, et al. "SEW" What do We Know and Where do We Go? A Review of Socioemotional Wealth and a Way Forward. Family Business Review, 2020, 33(4): 424-445.

[7] 严若森,叶云龙.家族所有权,家族管理涉入与企业 R & D 投入水平——基于社会情感财富的分析视角.经济管理,2014(12):11.

[8] 朱沆,Eric K,周影辉.社会情感财富抑制了中国家族企业的创新投入吗?.管理世界,2016(3):16.

第七篇　家族企业的高管团队

企业中的团队

从资源依赖的角度来看,企业是一系列资源的集合,这些资源由不同的利益相关者提供。这些资源需要整合、配置、重新利用才能创造价值,而实现价值创造的是企业内部重要的利益相关者。所以换一个角度,企业也可以理解为是一系列人的集合,这些人根据不同的分工与合作实现资源的有效配置和价值创造。在企业内部工作的人不是单打独斗的,而是需要和不同的人形成有形或无形的团队,通过合作完成工作任务。所以从广义的角度讲,企业就是一个大的团队,在这个大的团队中有根据职能不同而划分成一系列不同层级的小的团队。所有的团队合作最后形成的价值创造属于所有人,不能根据每个人的分工而简单划分每个人的劳动成果,这就是团队生产的基本逻辑。团队理论是现代组织经济学的重要分支之一,该理论的创立者是著名的美国经济学家、西方信息经济学的创始人雅各布·马尔沙克。①

企业就是团队,企业运作的实质就是团队生产的方式。企业并

---

① 崔之元.团队理论与M型社会.经济社会体制比较,1986(03):25-28.

不是生来就有的,它的出现经历了一个相当长的时期,当社会分工开始出现,共有生产要素开始需要一群不同技能人员互相协作、共同产出,企业也就慢慢成形。美国经济学者阿尔奇安和德姆塞茨[1]认同企业的团队本质,并由此提出团队生产理论来解释企业的生产过程。企业的生产要素归属于不同的利益相关者,利益相关者通过合作创造价值才让企业具有合法性。

从企业内部构成来看,企业是根据内部成员业务划分为不同职能团队的组合体,包括生产团队、财务团队、销售团队等;如果根据职能权力,又可以将其划分为基层团队、中层团队和高层决策团队。企业中的各个团队不仅存在不同职能人员交叉,也存在不同级别人员的交叉,由此形成了企业的整体组织架构或者说全部员工的大团队。因此要解释企业的运作过程,或是解释企业中某类成员集合对整个企业生产的影响,就必须要从团队的角度来考虑这类成员集合与企业生产之间的关系。

企业中存在类型不同的团队,用于解释不同团队生产机制的理论也不相同。本研究基于公司治理的角度,关注与公司治理相关团队的理论研究。国内外当前有关公司治理内部团队作用的研究存在许多分支,我们选择了 SSCI 文库中以 Management 和 Team 为关键词的 2011—2021 年 8 898 文献目录,以及 CSSCI 文库中以"治理"和"团队"为关键词的全部 2 033 篇文献目录进行主题聚类,分析国内外近十年关于公司治理中团队的研究。

国内外学者关于公司治理中团队理论的研究有很多重叠领域,

---

[1] Alchian, A. A., Demsetz, H.. Production, Information Costs, and Economic Organization. The American Economic Review, 1972, 62(5): 777-795.

包括关系治理、团队共享、高管团队等研究方向。其中大部分的研究聚焦于企业的高管团队,因为企业的高管团队是企业日常经营主要的决策者,高管团队的成员背景、结构特征等都对企业的行为选择产生重要影响。另外,高管团队不仅制定企业的战略决策,还要负责执行决策,所以最后企业绩效表现不仅取决于高管团队决策质量的高低,还和高管团队的决策承诺密切相关。

家族企业高管团队文献分析

企业中的高层管理团队也会由于企业目标存在差异,在企业选择的过程中形成具有企业特色的高管团队特质。家族企业虽然在社会经济中占有很大的比重,但其独特的股权特征是其他企业所不具备的。家族企业的控股家族一般占有企业的绝大部分股份,导致家族企业的股权集中度普遍较高,家族成员参与家族企业的管理导致家族企业的管理层之间的关系明显区别于一般企业的管理层,他们建立在血源或姻缘关系基础上的社会网络更为稳定和长期。家族企业的战略选择不仅仅是家族领导者的个体活动,高管团队特征的不同会对家族企业战略选择产生重要的差异性影响。

提出高阶梯队理论的 Hambrick 对高管团队的定义强调,企业的高管团队是专指企业制定战略性决策的高层管理者群体或者决策者群体,他们对企业的经营管理拥有决策权和控制权,同时负责企业的运营、组织与协调[1]。国内学者魏立群进一步明确地指出了企业

---

[1] Hambrick, D. C., T. S. Cho.. The Influence of Top Management Team Heterogeneity on Firms' Competitive Moves. Administrative Science Quarterly, 1996, 41(4): 659-684.

第七篇 家族企业的高管团队

高管团队所包含的成员应该有总经理、首席执行官或者总裁头衔的高级管理人员,以及那些具有副总经理、副总裁、总会计师或者首席财务总监等头衔的高级管理人员[1]。

对SSCI文库中以"family firm"为关键词的全部3 744篇文献目录,以及CSSCI文库中以"家族企业"为关键词的全部932篇文献目录进行关键词聚类,分析国内外2011—2021年这十年来关于家族企业的研究热词。

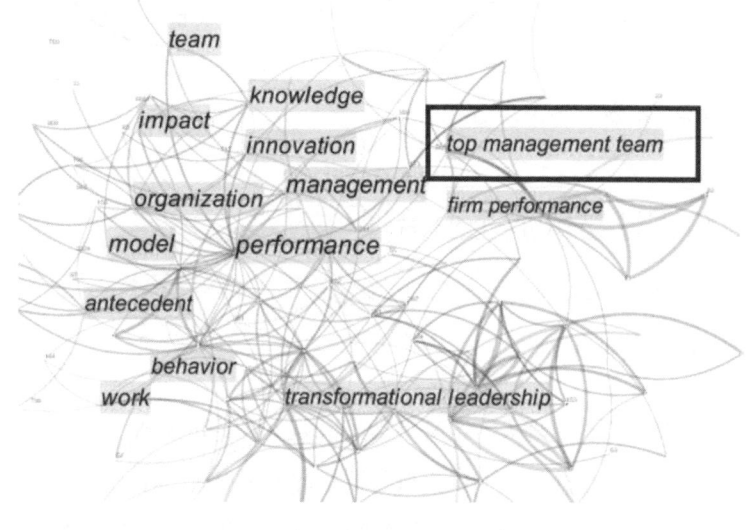

图30 家族企业WOS关键词共现

---

[1] 魏立群,王智慧. 我国上市公司高管特征与企业绩效的实证研究. 南开管理评论,2002(4):16-22.

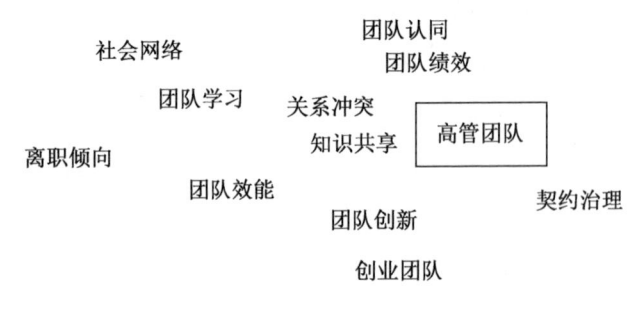

社会网络　　　团队认同
　　　　　　　团队绩效
　　团队学习　关系冲突
离职倾向　　　知识共享　　高管团队
　　　　团队效能
　　　　　　　团队创新　　　契约治理
　　　　　　创业团队

图 31　家族企业 CSSCI 关键词共现

根据 CiteSpace 中字号大小的设置含义，本次关键词共现中的高管团队、创业团队、团队绩效、关系冲突等关键词是家族企业中关于管理团队的研究焦点话题。

高阶理论与家族企业治理

高阶理论基础

高阶理论在经理人有限理性假设和认知理论的基础上，认为管理者的个人特质包括他们的人口统计学特质和心理学特征会影响他们的行为选择，同时特别强调决策者的心理偏差或风险偏倾向是影响行为选择的基本要素。所以大部分基于高阶理论的研究都是关注决策者的年龄、教育水平、任期、职业背景等典型人口统计指标以及它们在高管团队中的差异程度（异质性），探讨这些团队特征对公司绩效和战略选择的影响。随着研究的深入及不一致结论的出现，部分学者开始对研究逻辑提出疑问，认为人口统计学特征无法准确地表征高层管理团队的内在特征[1],团队决策过程中的"黑匣子"和约束条件均被忽略。

高阶理论提出团队过程在高管团队特征和组织绩效之间起到中介作用,高管团队成员的各种个人特征或团队特征并不直接影响组织绩效,但会影响到团队成员之间的冲突、沟通、协调等行为,这是影响团队产出的重要团队过程,而企业的行为选择是通过团队过程来实现的。Hambrick 主张研究高管团队特征在公司战略决策中的作用时引入管理自由裁量权,即管理者能自主进行裁量决策的权力大小。管理者面临繁重的工作任务时,他们可能不得不依赖过去的经验进行快速决策,这时的决策行为与管理者的工作背景和性格密切相关。但是,如果管理者面临较低的工作要求,他们决策时考虑的因素将更加全面,比如把实际决策环境纳入分析范畴。

家族企业中的高管团队

相比普通企业,家族企业的高管团队的特殊性主要在于家族成员对管理权的涉入,也就是高管团队的家族成分,这种家族成分的范围大小以及类型不同体现为高管团队的异质性。

高管团队的异质性对团队产出的积极影响,主要是通过知识多样性实现的。无论是家族与非家族成员还是代际不同的家族成员,多样化的高管团队拥有更多的认知资源,有助于提高公司的知识、创造力和绩效。知识的多样性刺激了任务冲突,能够促进建设性的辩论和创业精神,有利于一种支持知识整合的理想社会环境的形成。

---

[1] Lawrence B S. The Black Box of Organizational Demography. Organization Science, 1997, 8(1): 1-22.

从团队冲突的角度看,高管团队的异质性被认为可以通过刺激任务冲突的方式来促进建设性批评的进行,从而有利于进行正确的团队决策以及企业创新。高层管理团队的多样性同样可能产生高水平的关系或情感冲突,而这种高水平的关系冲突会阻碍任务冲突的积极影响。比起家庭距离大的团队,更同质的家庭团队会产生更少的冲突。

按家庭距离从亲密到疏远,家族企业的高管团队可以分为父母高管团队、家族高管团队以及非家庭高管团队[1],或是控制所有权(由父母控制的高管团队)、兄弟姐妹合伙以及表亲财团。其中,以父母为主导的高管团队之间的连接最为紧密,兄弟姐妹之间的关系则相对平等,而表亲财团由于关系的疏远,他们之间可能缺乏沟通交流和共享价值观的机会,其形成的是一种相对松散的管理网络。包含父母的团队对团队的信念更强、凝聚力更强、共享战略认知更强,关系冲突则更少。虽然一般情况下,父母领导的家族企业的业绩表现优于非家族高管团队领导的家族企业,但是家庭的关系冲突可能成为一种破坏性力量,父母领导的家族企业的竞争优势会在很大程度上被弱化。而非家族高管团队的关系相对更平等,关系冲突也更少。

高层管理团队拥有多代家庭成员的好处同样在于知识多样性,不同代际的家庭成员为团队带来不同的专业知识和观点。知识多样性刺激了任务冲突,有利于创造知识。而代际参与的问题在于,多代人一起工作时,业务目标可能会变得复杂。创始一代往往更加保守,不太愿意从事可能导致资产损失的高风险行为,而年轻一代则拥有

---

[1] Ensley, M. D., Pearson A. W.. An Exploratory Comparison of the Behavioral Dynamics of Top Management Teams in Family and Nonfamily New Ventures: Cohesion, Conflict, Potency, and Consensus. Entrepreneurship Theory and Practice, 2005, 29(3): 267-284.

新观点,更愿意推动变革和创新,不同代际的观点碰撞有可能发展成为关系冲突,则不利于企业发展。

针对家族企业高管团队特有的异质性所带来的双重作用,研究发现,当公司的首席执行官是家族成员时,家族CEO和家族高管子群体的结合强化了非家族管理者职业发展机会受限的观念,非家族管理者更容易感到受到排斥,对公司的认同感也会降低。从团队过程角度来看,团队成员的信息交换有助于缓解家族企业高管团队多样性的负面影响,频繁的信息交流可以产生信任和互惠等品质,这有助于降低高管团队的维护成本,缩短整合团队成员不同观点所需的时间。但信息交换频率及强度并不是越高越好,而是需要与团队异质性的程度相适应,过高水平的信息交换反而会造成不必要的资源浪费以及多余的时间成本。除此之外,权力差距同样会对高管团队的团队过程产生影响。在家族成员与非家族成员共存的高管团队中,增加非家庭成员在高层管理团队中的交流参与,能够提高非家庭成员的尊重感知、促进结构权力平等,可以改善团队的内部信息交流。当家庭成员和非家庭成员之间的结构权力相对平衡时,随着信息交流的平等,双方的影响力更为对称,有利于提高组织绩效。

家族企业高管团队与创新

家族企业特有的高管团队多样性在创新背景下也具有双重的影响,既可能是企业的优势,有可能是企业的劣势。家族利他主义使得这一代的所有者倾向于为下一代保留财富,为了最大化惠及子孙,更有可能进行长期导向的创新活动。当高管团队家族成员比例较高时,家族权威有利于他们对非家族管理者进行有效监督,防止他们危害家族利益。而其劣势在于,由于家族内部知识资源的局限性,高层管理团队中非家族成员比例较低则会影响决策质量,阻碍组织创新能力的有效提升。如果高管团队缺乏足够的多样性,没有充分代表非家族成员的外部观点和知识,公司则可能无法最大限度地利用产品组合。非家族管理者的存在创造了一个更加多样化的管理能力库,增加了有助于维持家族企业运营的新视角和想法。

从代际视角来看,后代家庭成员更有可能成为创新和创业活动背后的驱动力。有研究发现,参与高管团队的代数越多,高管团队创新导向对家族企业新产品组合绩效的影响就越积极。当高管团队包含两代人时,创业导向达到最高水平;当两代人都参与其中时,父母的存在通常会抑制关系冲突、促进凝聚力;然而当涉及三代人时,由于亲属关系距离进一步增加,认知优势会被社会关系冲突和路径依赖行为的增加所抵消,这些行为会破坏创业努力。家族企业的高管团队是一个具有特殊性的群体,关于高管团队的家族性带来的利和弊,学者们目前还没有统一结论。

重要文献

[1] Chirico, F., Salvato C.. Knowledge Integration and Dynamic Organizational Adaptation in Family Firms. Family Business Review, 2008, 21(2): 169-181.

[2] Chirico, F., Sirmon D. G., Sciascia, S.. Resource Orchestration in Family Firms: Investigating How Entrepreneurial Orientation, Generational Involvement, and Participative Strategy Affect Performance. Strategic Entrepreneurship Journal, 2011, 5(4):

307-326.

[3] Chua, J. H. , Chrisman J. J. , Sharma P. . Succession and Nonsuccession Concerns of Family Firms and Agency Relationship with Nonfamily Managers. Family Business Review, 2003, 16 (2): 89-107.

[4] Hambrick D C, Mason P A. Upper Echelons: The Organization as a Reflection of Its Top Managers. Academy of Management Review, 1984, 9(2): 193-206.

[5] Hambrick, D. C. , Cho T. S. . The Influence of Top Management Team Heterogeneity on Firms' Competitive Moves. Administrative Science Quarterly, 1996, 41(4): 659-684.

[6] Kraiczy, N. D. , Hack A. . New Product Portfolio Performance in Family Firms. Journal of Business Research, 2014, 67(6): 1065-1073.

[7] Ling, Y. , Kellermanns F. W. . The Effects of Family Firm Specific Sources of Tmt Diversity: The Moderating Role of Information Exchange Frequency. Journal of Management Studies, 2010, 47(2): 322-344.

第八篇　家族企业的组织认同

企业中的组织认同

认同是个体根据所感知的社会群体或类别来定义自己的过程，为个人的价值观、目标和标准提供了参考框架，从而影响个人层面的行为和行动。社会认同理论通过假设个人所属的社会类别为如何定义自己提供了视角。组织是个人所属的最重要的社会群体之一，组织认同是指组织成员根据组织定义自己，并高度重视组织成员的一致程度，是一种个人身份和组织身份之间的重叠感知。

企业作为一种组织，是个人所归属的最重要的社会群体之一[1]。组织认同的概念有助于理解在家族企业中工作的家族成员的行为如何受到家族价值观和企业系统的融合的影响，从而产生家族企业认同[2]。根据以往文献，对于家族企业来说，组织认同的主体既包括企业所有者这样的家族成员，也包括普通员工和外部经理人这样的非

---

[1] Cannella A A, Jones C D, Withers M C. Family-versus Lone-Founder-Controlled Public Corporations: Social Identity Theory and Boards of Directors. Academy of Management Journal, 2015, 58(2): 436-459.

[2] Pagliarussi M S, Costa C. Identity in Family Firms: A Theoretical Analysis of Incentives and Contracts. BAR-Brazilian Administration Review, 2017, 14(3).

家族成员。所以,本研究将家族内部成员的"家族认同"这一概念也涵盖在组织认同之内。

组织认同理论作为一个重要的心理解释机制,在家族企业研究中扮演着重要的角色。有许多研究将社会认同理论和组织认同概念应用于家族企业决策。例如,由于家族企业对家族传记的作用和家族离开企业的困难,家族成员通常对其组织保持深刻的认同[1],这种认同为家庭提供了显著的精神收入或社会情感财富。虽然应用认同理论进行家族企业研究已取得一定成果,但是由于该领域仍处于发展阶段,家族企业研究者的研究目标存在差异,研究主题较为分散,缺乏系统性。

家族企业组织认同的文献分析

本研究数据来源于 Web of Science 和 CSSC 数据库,数据获取步骤如下:首先对主题词进行初步检索。在 Web of Science 中,与家族企业相关的关键词为"family firm"和"family business";与组织认同相关的关键词包括"social identity theory""identification""family identification"等,并通过上述主题词形成初始检索式。同理,在CSSCI数据库中,主题词为"家族企业""认同理论""组织认同"。文献类型为论文(Article)和综述(Review),检索得到中英文文献共211篇,构成本研究的初始样本。为保证最终的样本与家族企业认同理论研究密切相关,在初始被选文献中,首先以阅读摘要的方式剔

---

[1] Dyer W G. Examing the "Family Effect" on Firm Perfonmance. Family Business Review, 2006, 19: 253-273.

除与研究主题不相关的文献;在所有剩余文献中,以阅读全文的方式进一步确保研究主题聚焦于家族企业认同理论研究,最终得到 157 篇英文期刊论文和 21 篇中文期刊论文分别作为中英文文献计量样本。

文献计量分析是检测和调查一个研究领域的一种基本而有效的方法。本研究首先通过文献计量软件 CiteSpace 对 157 篇英文文献和 21 篇中文文献进行描述性统计分析,识别这一研究领域的总体发表趋势;其次,进行研究热点可视化分析,获取关键词共现网络图谱、关键词聚类图谱和聚类时间线视图。

本研究首先对全部文献计量样本进行初步统计,得到中英文文献发表趋势图。整体来看,家族企业认同理论的文献数量呈不断增长趋势,且在 2020 年达到最高。

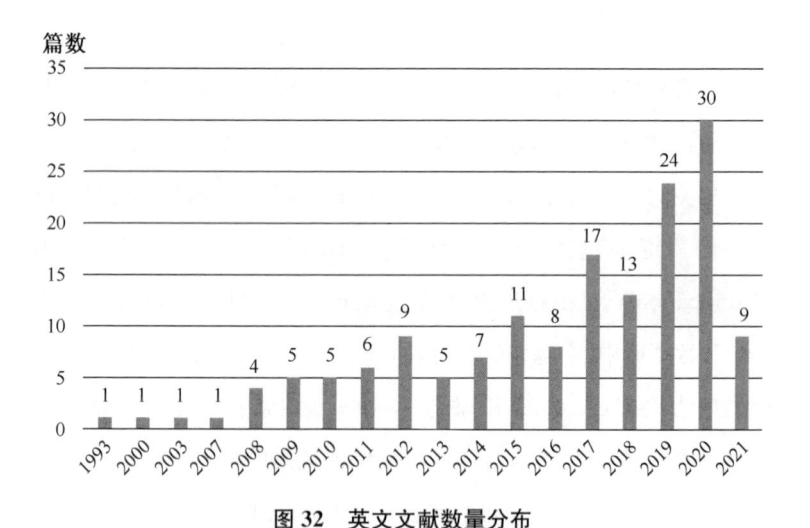

图 32　英文文献数量分布

由于中文文献数量较少,仅使用来自 Web of Science 的英文文献进行关键词共现的呈现。结果显示,认同理论、社会情感财富、企

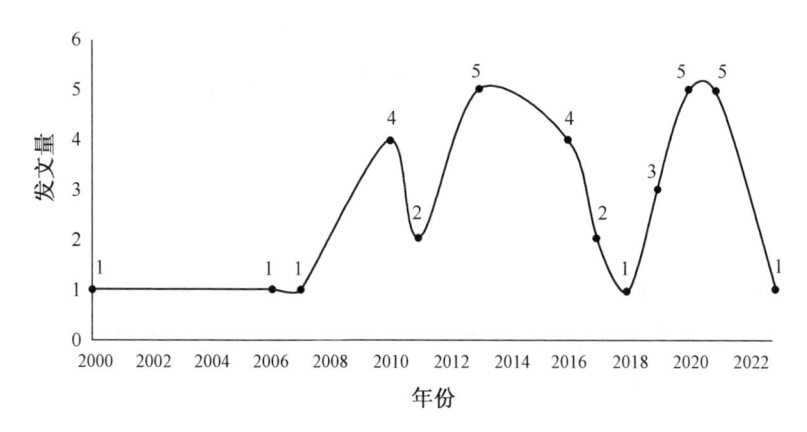

第八篇　家族企业的组织认同　　　　　　　　　　　　　　　　　　　　113

图33　中文文献数量分布

业家精神、企业绩效、代理成本等关键词反映了该领域文献聚焦的核心主题。在关键词共现分析的基础上对其进行聚类分析。聚类数值从小到大，所包含的文献量依次递减。本研究截取了CiteSpace中英文文献的前10个聚类和中文文献的前3个聚类，得到了可视化结果，得以识别国内外现有家族企业组织认同研究的热点领域。

图34　中文文献关键词聚类图谱

家族企业组织认同的成因及影响因素

1. 身份和社会关系

对于家族企业所有者来说,认同是指其对企业坚定和无条件的承诺。家族企业内部的关系通常非常紧密、真诚和独特。在这样的环境中成长,往往会产生一种与企业"融为一体"的感觉,形成参与者身份的一部分,以及他们所属的社会舞台。企业定义了身份的意义,标志着独立和成功,成为"自我"的延伸。这形成了对组织的认同,并带来了控制欲。因此,组织中的成员是否来自家庭内部存在着重要的区别。家族企业构成了许多家庭成员生活中的一个焦点,影响着他们的自我意识。即使自身不是企业所有者,作为家族成员,与所有者的亲缘关系也创造了一种与家族企业的联系和认同感。

Carmon 认为,非家庭成员与家庭成员一样可能认同该组织。除了先天的身份,非家族员工与家族成员的关系可能会促进对家族企业的认同。例如,研究指出与所有者的关系认同和以雇员为中心的管家实践对非家庭成员的组织认同也特别重要。这种组织认同是通过"个性化的依恋纽带"形成的,突出了社会关系的重要性。网络视角有助于理解社会关系如何促进组织认同的内部化。

2. 家族企业特征

一般来说,家族企业是由一种深刻而特殊的依恋关系管理的。由于强烈的同一性和共同的命运感这种家族企业特有的特征,他们的员工对组织具有强烈的认同。在 Brundin 等①的研究中,与企业强烈的认同和情感联系是家族企业所有权的核心特征之一。家族控制影响组织身份和塑造员工身份,保持家族控制是家族企业追求家族认同这一社会情感财富目标的基础。国内外学者都指出,家族控制意愿越强,家族成员对家族企业认同感越强。相反,如果引进了外部投资者,家族成员的企业认同感会降低,不利于家族企业创业导向提升。在传承方面,研究表明,称职的家庭成员的继承能促进员工与家庭的组织认同。

Smidts 等发现了组织中沟通氛围的质量与认同有关,具有高度凝聚力的家族企业很可能表现出家族身份和企业身份之间高度的整合,从而有助于认同和共享身份。积极的家庭氛围在凝聚力、开放的沟通和代际关注方面产生了家族对企业更大的认同。

3. 个人微观心理

许多研究认识到心理现象在家族企业背景下的重要性。有大量证据表明,组织认同是由保持积极和期望的自我概念的心理需求所驱动的。早期研究指出,员工认同组织的程度取决于感知到的相似性和与组织的共同命运,以及组织成员可能有助于形成积极的自我概念的程度。Elsbach 在此基础上探究了个人与家族企业建立并保持认同的心理机制,确定了自尊(或自我增强)、连续性、独特性、意义(或不确定性减少)、效能/控制、归属感六种对个人自我概念特别重要的心理需求,这些需求已经被证明能够激发群体认同和组织认同。

---

① Brundin E, Samuelsson E F, Melin L. Family Ownership Logic: Framing the Core Characteristics of Family Businesses. Journal of Management & Organization, 2014, 20(1): 6-37.

这项研究提供了家族企业认同由归属感需求驱动的证据，拓展了之前的研究。家族成员通过培养对企业的归属感和个人的自我效能感而实现家族成员对企业认同感的传承，家族成员对家族的归属感会强化对家族企业的认同感。反之，如果家族关系疏离，比如当家族企业传承到三代、四代时，家族成员对家族企业的认同感会开始出现较大的分化。

组织认同在家族企业中的影响

以社会认同理论为基础，已有的研究表明，加入企业的组织认同对家族企业的代际传承产生重要影响。家族企业继承人的接班意愿和组织承诺会随着他们对家族企业认同感的增加而增加，比如有的家族企业的二代继承人因为不认同父辈的创业理念和创业实践而选择自己重新创业；但如果继承人对家族企业非常认同，他们就会努力提升自己管理企业的能力以完成家族企业的代际传承。许多研究更多地将组织认同作为一个理论视角，探讨其在家族企业的继任传承与企业战略决策之间的中介或调节作用。例如，陈灿君和许长新基于家族企业中创新战略实施需要领导者与组织之间相互认同的理论提出，不同的接任方式对企业的创新偏好可能存在较大差异。邹立凯指出，在继任之后，接班者在进行创新变革时，需要对自身所处的组织拥有较强的认同感，才能甘愿将自身置于风险之中。

对于家族内部成员，正如 Memili 等所指出的："将家庭视为与企业共享价值观、目标和成员关系的一个整体，可以对组织行为产生深远的影响。"对家族企业的认同感越高，他们更可能将家族企业看成对自我的延伸，容易产生对家族企业的责任感并在参与管理的过程中表现出更高的组织承诺,维护家族和企业的形象声誉。高的组织认同和组织承诺更有利于家族企业的延续和传承。

对于更广泛的员工来说,员工越认同组织,组织的价值观、规范和利益就越能融入员工的自我概念中。目前,组织认同作为企业员工表现出的许多积极行为的一个促进因素而得到支持,例如,忠诚度、自尊、承诺、合作行为、组织信任和组织公民行为[1]以及降低非家族员工的离职意愿和流失率。具体来说,组织认同提供了强有力的保证,使员工在决策过程中时刻以组织利益为终极目标,使自己的利益与集体的利益相一致。这种认同感带来的利益一致性甚至会深刻影响高层管理者的战略选择。例如,人们认为,对家族企业的强烈认同促使领导者采取长期的、多代人的企业观,将企业的福祉置于自身福祉之上。这是管家理论的基础,解释了为什么上市的大型家族企业比非家族企业表现得更好。在认同感的驱动下,组织成员有着强烈的保护企业形象和声誉的意愿,并采取正面行动,由此在品牌和销售方面产生利益,带来更好的财务表现。家族企业能够通过对家族成员的利他行为诱导其代理人产生更高层次的组织认同,与不存在利他行为的企业相比,家族企业承担更低的代理成本[2]。

组织认同驱使家族所有者关注特定于家族的非经济目标。例如更关注维持家族对企业的控制,而不是股东财富最大化。这样特殊的目标偏好对企业外部进行合作、变革、收购、外部投资者选择也产

---

[1] Matherne C, Waterwall B, Ring J K, et al. Beyond Organizational Identification: The Legitimization and Robustness of Family Identification in the Family Firm. Journal of Family Business Strategy, 2017, 8(3): 170-184.

[2] Pagliarussi M S, Costa C. Identity in Family Firms: A Theoretical Analysis of Incentives and Contracts. BAR-Brazilian Administration Review, 2017, 14(3).

生了影响。对企业的强烈认同会使家族成员不愿离开或出售企业，甚至会使他们为离开而感到内疚。强烈认同家族企业的家族成员也不太愿意将控制权让给外部投资者。即使放弃控制权，他们对组织认同程度不同的外部收购者的开放度也存在差异。家族认同在家族企业治理特征与外部投资者态度之间起到中介作用。在收购完成的下一阶段，组织认同理论仍然起着作用。Pazzaglia发现，家族通过市场交易收购的企业表现出较低的收益质量，这是因为依靠收购获得所有权的所有者相对于创建它们的家族对企业的认同度仍然较低。所有权集中度不能被足够的家族认同约束时，可能会导致不道德的商业行为、更高的代理成本和更低的收益质量。

组织认同与家族企业非经济目标

利润是企业家经营企业的动机之一，但企业家像其他人一样，也有许多个人动机，由家族实际控制的家族企业更是如此。例如，黄光裕家族为争夺国美集团企业控制权所引发出一系列让媒体、公众关注的事件。尽管国美集团利润因此蒙受损失，但黄光裕家族依旧奋力夺回家族在企业中的控制权。其根本原因在于国美集团是由黄光裕家族一手创办、培养的，家族对企业有着强烈的组织认同和情感依赖。

基于社会情感财富理论，家族运营家族企业除了获得经济收益外，还会获得企业控制、社会认同和亲情需要等非经济收益。在企业内部长久保持家族价值观、维系家族控制、保全家族社会资本是家族努力的主要目标。实现非经济目标与家族对企业的组织认同程度高度相关，如果家族企业的CEO(TMT)和董事会成员对企业的组织认同程度低,就会更加重视短期经济绩效,以提升自己的业绩。但如果组织认同程度高,家族企业的CEO就会更注重社会情感财富,通过进行非经济活动,达到获得更多利益相关者支持的目的,实现企业的长期利益。

由创始人控制的企业被看作创始人的延伸,企业更关注经济成就和保持创始人的独立性与判断力;因而家族企业则更倾向于最大化家族的价值,更关注企业形象、声誉和保持家族控制。认同感的提高会促使家族成员追求一个良好的名声,因为这会让他们自我感觉良好,从而为他们的社会情感财富做出贡献。

家族对企业的高度认同会影响家族企业在制定企业目标时具有对关心非家族利益相关者的导向,但只有建立在家族对企业认同的基础上,这种导向才会带来更高的企业绩效,这两种关系的重要性随着家族参与企业管理的程度而变化。

综述,家族企业组织认同理论的研究热点主要集中在家族企业组织认同、社会情感财富与组织承诺研究;受组织认同影响的公司治理中的代理成本问题研究;家族企业组织认同下的创业导向与企业家精神研究;组织认同对家族企业创新、收购或被收购等管理实践的影响研究;组织认同对一些代表性家族企业治理特征的影响研究。

重要文献

[1] Cannella A A, Jones C D, Withers M C. Family-Versus Lone-Founder-Controlled Public Corporations: Social Identity Theory and Boards of Directors. Academy of Management Journal, 2015, 58(2): 436-459.

[2] Cennamo, C., Berrone, P., Cruz, C., et al. Socioemotional Wealth and Proactive Stakeholder Engagement: Why Family-Controlled Firms Care More about Their Stakeholders. Entrepreneurship Theory and Practice, 2012, 36(6): 1153–1173.

[3] Elsbach K D, Pieper T M. How Psychological Needs Motivate Family Firm Identifications and Identifiers: A Framework and Future Research Agenda. Journal of Family Business Strategy, 2019, 10(3).

[4] Neckebrouck J, Manigart S, Meuleman M. Attitudes of Family Firms Toward Outside Investors: The Importance of Organizational Identification. Venture Capital, 2016, 19(1–2): 29–50.

[5] Pazzaglia F, Mengoli S, Sapienza E. Earnings Quality in Acquired and Nonacquired Family Firms. Family Business Review, 2013, 26(4): 374–386.

[6] Zellweger T M, Nason R S, Nordqvist M, et al. Why Do Family Firms Strive for Nonfinancial Goals? An Organizational Identity Perspective. Entrepreneurship Theory and Practice, 2013, 37(2): 229–248.

第九篇　家族企业的传承与创新

家族企业的代际传承

家族企业创始人在创立企业之初一定是以生存为原始目标,但随着企业的不断壮大与成功,创始人对自创的企业会产生越来越多的社会情感财富,这时创始人的经营目的已不再是简单的创造经济收益,可能更多地转向家族对企业的控制权和代际传承问题。统计显示,能够成功传到第二代的家族企业只有30%左右,家族企业的传承问题是实践界和理论界共同关注的话题。在前面几章的分析中,我们从不同的理论视角探讨过家族企业传承问题的影响因素,本篇起,主要关注家族企业传承的影响效果,特别关注家族企业的创新问题。

关于家族企业传承对家族企业创新的影响目前并没有一致性的结论,从不同理论视角的研究发现家族传承对创新绩效的影响存在很多约束机制,社会情感财富理论和资源依赖理论是解释家族企业传承与创新关系的两个重要视角。从社会情感财富理论出发,不同类型或不同维度的社会情感财富对家族企业代际传承与创新关系的影响并不一致,这也可以理解为什么现有研究结论不一致。例如,大部分学者认为,家族为了保护社会情感财富而可能拒绝高风险性投资,但有的学者考察延伸型社会情感财富对家族企业研发投资的影响,认为家族企业的传承意愿会延长家族企业的长期投资导向,从而提高家族企业的研发投入水平[①]。从资源依赖的角度来看,当家族二代参与企业管理后,受到更好教育的家族继承人可以给企业带来更多的资源,如新知识、新理念、新思维,这些资源优势会有利于企业技术创新。但也有学者认为,资源的传承并不是一蹴而就的。一代创始人退出程度越高,二代继任者对家族企业资源调配的能力会降低,从而不利于创新活动的开展。结合上述观点可以发现,代际传承对家族企业的创新影响并没有一致的结论,这可能是研究样本所处的地区、规模、时间、环境的不同而造成的,也有可能是对代替传承和创新绩效用不同的计量方法造成的。我们利用 Meta 分析,对先前的实证结果再次进行了统计分析,以期对代际传承与企业创新之间的关系做出更准确的评估。

本篇采用 Meta 分析技术分析了家族企业传承对企业创新绩效的影响,并且探讨了不同传承阶段创新投入和产出的变化,以及家族认同感、二代异质性对家族创新绩效的影响,得到了一些有关家族企业传承与创新实践的结论。

参照 Duran 等在一篇相似的 Meta 分析中所选择的定义,认为家族企业是以家族关系为基本纽带,家族成员持有大量股权或担任重要的管理职位,能够通过家族关系对公司经营产生重大影响的经济组织。

家族企业的传承模式主要有子承父业、亲属传承和职业经理人

---

① 朱沆,Kushins E,周影辉. 社会情感财富抑制了中国家族企业的创新投入吗?. 管理世界,2016(3):99-114.

继承三种类型。在国内研究中,学者普遍认为"子承父业"是众多家族企业普遍采用的权力转移模式。

(1) 子承父业

对于子承父业传承模式的形成原因,有学者从文化情境的角度进行分析,认为中国的传统文化是家族企业"传内不传外"的原因之一,儒家文化中的"小富即安""官本位"思想使家族企业缺乏长远的战略规划,任人唯亲而非任人唯贤。在控制家族的继承人代际传承的过程中,如果出现家庭内部成员之间的恶性竞争或者继承人空降而产生的德不配位问题,可能使继承者在企业内部面临着家族关系与职业经理人之间的关系多重的矛盾冲突。调查显示,亚洲的华人企业集团在发展商业上主要依靠家族和熟人关系,创业一代会尽力地将自己个人的社会资本和特殊资源传承给继承者,以维护企业的社会情感财富。

(2) 亲属传承

亲属传承是指家族企业的继承人不是创始人的亲生子女,而是由泛家族成员来继承企业。这种情况在家族企业经营中并不多见,创业者一般会将家族企业全部传给自己的子女,但如果没有子女、子女没有继承意愿或者缺乏胜任能力时,创始人则会考虑将重要的职位传递给其他家族成员。

(3) 职业经理人继承

Burkart通过实证研究发现决定家族企业是否进行委托管理的一个关键因素是外部股东免受内部管理者侵蚀利益的法律保护程度,当法律制度能够完全保护股东利益时,创始人会创建一家由职业经理人管理、被股东广泛持有的公司,相反在保护较薄弱的法律制度中,创始人则会指定他的继承人来管理。Bhattacharya & Ravikumar

从代理成本的角度考虑，认为雇用职业经理是有成本的，只有当雇用职业经理的获益超过了成本时，家族企业才愿意雇用职业经理并承担这些成本。家族企业直接引入职业经理人可能会面临家族成员的反对，特别是空降的职业经理人很容易让原有的家族成员管理者产生不公平感。作为一个管理团队的整体，家族企业的管理团队如果是由职业经理人和家族成员共同组成的，那么在家族控股相对集中的情况下，外部职业经理人与家属成员之间的不配合对企业的发展则会非常不利。

代际传承对创新的影响

基于行为代理理论和社会情感财富理论，家族企业在进行创新决策时的决策参考点是对社会情感财富的保护，维护家族对家族企业的控制是社会情感财富的主要来源，所以如果家族企业认为创新决策会对社会情感财富造成威胁，那么即使有可预见的经济回报，家族企业也可能做出消极选择。

代际传承是保持家族控制的重要方式，保持家族控制是社会情感财富的核心，这将对家族企业绩效或行为带来负面影响，一些学者的实证研究结果对该观点提供了证明。汪祥耀研究发现，两代家族成员共同管理的家族企业往往具有较低的创新水平，有损于企业的长期发展。基于中国 A 股上市家族企业为样本研究发现，代际传承会降低家族企业的创新投入水平，可能的原因是创业一代为了保护代际传承的成功而拒绝一些高风险项目，为继承人接班后的运营提供更好的财务环境。但是二代继承人的受教育程度会减弱代际传承对家族企业创新投入的负向影响，因为二代涉入的家族企业会更重视约束型社会情感财富,而该类社会情感财富会导致家族企业对创新投入持保守态度①。

保持家族控制是约束型社会情感财富的核心,二代继承人参与管理是家族企业传承的初始阶段,家族为了使得传承能够平稳进行且保持对企业的长期控制,可能会在参与管理阶段对具有高风险性的研发活动持有更加谨慎的态度,而且参与管理阶段复杂问题的增加,以及对继任者的尽心培养等都会在一定程度上耗费本可用于研发的资源,从而阻碍家族企业的创新活动。从资源基础观的角度考虑,一代创始人在经营企业时期树立了绝对的权威,虽然创始人通常会使用资源帮助继任者培养能力和树立权威,但是继任者并不具备这样的信赖基础,缺乏必要的人力资本和社会资本,继任者权威的适应和巩固,以及资源的积累需要经历必要的过程。因此,提出如下假设:

H1a:二代继承人参与管理阶段会抑制家族企业创新投入

二代继承人与创始人共同管理阶段,继承人的管理者权威会持续提升,但仍然可能会面临各种挑战。为了使家族二代接班人能够顺利接管企业,创始人可能会给二代的顺利接班创造稳定和利好的条件而拒绝加大研发投入,保留足够的财力资源。二代继承人为了能顺利完成企业的接班任务,提升管理权威,也会选择规避风险,维持企业稳定的运营。因此,提出如下假设:

H1b:二代继承人与创始人共同管理阶段会抑制家族企业创新投入

---

① 严若森,杜帅.代际传承对家族企业创新投入的影响——社会情感财富理论视角.科技进步与对策,2018,35(08):84-91.

根据资源基础观的逻辑，当企业拥有有价值的、稀缺的、难以复制和可替代的资源时，企业会获得竞争优势。Sirmon & Hitt 指出家族成员人力资本、社会资本、生存资本、耐心资本等家族资源是家族企业重要的资源基础。在不完善的制度环境及低社会信任背景下，家族企业更有可能调动和利用家族人力资本、社会资本等家族资源，将其作为家族企业开展创业导向活动的重要资源基础。

代际传承是家族企业创新战略实施的重要转折点，其主要原因在于较长的任期和对经验的依赖等会阻碍一代创始人的创新思维，而我国改革开放后成长或者出生的二代继任者所接受的教育和经历的经济发展环境等有利于其接触到更多的信息和知识。从资源基础观的角度去考虑，随着二代继任者权力的增加，二代继任者所提出的新意见、新信息和新机会等会逐渐受到家族企业的重视，再加上一代创始人在资源配置和社会资本方面的优势，则会有利于企业技术创新。

二代继承人接收管理阶段，二代已经完全成为家族企业中新的领导者，稳固分领导权威和家族身份使其更关注延伸型社会情感财富，使得家族更加关注长期导向的投资，比如研发投资等。随着接管时间的增加，接管企业的二代自身的管理权威和社会资本不断提升，二代提高自尊、谋求社会认同的动机更强，他们迫切希望得到来自利益相关者的认同，增强自身合法性，这激励二代加大企业研发投入而提升企业效益，因此，提出如下假设：

H1c：二代继承人接收管理阶段会正向促进家族企业创新投入

随着两代共存治理过程中一代创始人退出程度的增加，二代继任者在调配家族企业内部创新资源以及整合企业外部上下游资源方面会遇到阻力，家族企业内部元老和其他家族成员完全理解二代继任者实施的技术创新也需要一个长期的过程。两代共存治理对家族企业技术创新具有倒 U 型影响,二代继任者有较强的创新意愿,而一代创始人的辅助则有利于技术创新资源的配置等,因此一、二代的共同协作最终能够有效地促进企业技术创新。

创新绩效不仅取决于创新投入,更重要的是企业实际的创新产出。在非家族企业中,作为代理人的管理者,出于自利的逻辑,可能更倾向于投资对自己更有利的,而对股东利益最大化不利的项目。作为委托人的股东由于只能掌握关于创新项目的部分信息,无法密切监控和影响创新的全过程,这就形成了创新决策过程中的代理问题。管理团队的合作与冲突、管理者的任期、董事会对管理者的业绩考核方式等因素也会影响创新项目的实施。但这些问题在家族企业中可以得到很好的解决。在家族企业中,控股家族作为管理者对企业具有高度的控制,确保企业选择的投资项目最符合股东利益,并且创新投入能够有效地转化为创新产出,代际传承使家族控制的连续性得以保存。因此,提出如下假设:

H2:家族企业代际传承会增加企业创新产出

家族认同主要指家族成员把企业看作家族的延伸,重视企业声誉。当家族成员对企业具有较强的认同感时,家族与企业边界变得模糊,家族与企业声誉紧密相连。企业创新活动需要资金、人才、技术和信息等资源支持,具有强家族认同的家族企业能够充分调动家族资源实现创新活动,强家族认同的家族企业也更倾向于保持家族控制,因而会努力促成家族企业的代际传承,并且为代际传承后二代继承人的创新活动提供良好的资源和环境,使家族企业顺利在一、二代之间完成交接棒,从而实现延续家族认同这一社会情感财富目标。因此,本研究提出如下假设:

H3：家族认同正向促进家族企业创新投入

由于二代继任者与创始人年龄、受教育程度和生活经历不同,年轻的继任者通常具有比父辈更完善的知识体系以及开阔的国际化视野,能够为企业带来新视野、新理念以及更强烈的创新精神和冒险精神。家族企业之所以进行代际传承,是因为其更多地关注延伸型社会情感财富,传承意愿会延长家族企业的投资评估期,从而提高家族企业的研发投入水平。黄婷等的实证研究从继任者角度出发,认为如果继任者缺少与卸任者共同的社会情感财富,可能会使其更容易加大创新投入。赵勇和李新春[①]将传承期分为父子共治与二代自治两个阶段,结果表明二代自治阶段更有利于企业研发投入的提升。

因此,本研究提出如下假设:

H4：二代继承人与创始人异质性正向促进企业创新投入

数据收集与处理

文献检索

我们确定检索关键词如下：(1)家族企业(family firm/family business/family enterprise/family ownership/family-owned)；(2)传承或继任或继承(descendants/inheritance/bequest/heritage)；(3)创新或研发或专利或发明或创业(entrepreneurship innovation/innovative/innovativeness/R & D investment/patent/new product introduction)。

---

① 赵勇,李新春.家族企业传承期抑制了研发投入吗？——基于家族企业多重目标的调节效应.研究与发展管理,2018,30(05):81-91.

检索之后,我们通过上述关键词在电子数据库中进行检索。本研究使用了 ABI/INFORM、EBSCO、Web of Science 和 CNKI 四个核心数据库,分别收集了 205 篇、75 篇、41 篇以及 432 篇论文,合计 753 篇论文。

文献筛选

筛选过程中,通过对所得论文摘要部分的阅览,确保纳入研究的论文与本研究研究目的高度一致。如图 35 所示,在对 753 篇文献进行筛选后,排除 26 篇案例研究、32 篇定性研究、5 篇行业研究、3 篇会议记录、15 篇文献综述、542 篇选题不符、1 篇语言非中英文文献,以及 62 篇重复文献,最终获得 67 篇文献。之后需要对这 67 篇文献

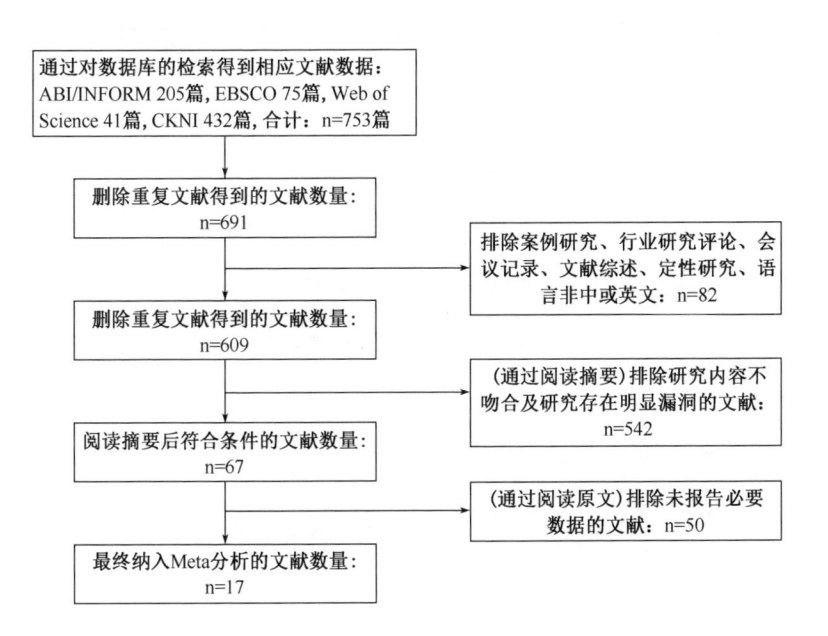

```
通过对数据库的检索得到相应文献数据:
ABI/INFORM 205篇, EBSCO 75篇, Web of
Science 41篇, CKNI 432篇, 合计: n=753篇
            ↓
删除重复文献得到的文献数量:
        n=691
            ↓                    排除案例研究、行业研究评论、会
            →                    议记录、文献综述、定性研究、语
                                 言非中或英文: n=82
删除重复文献得到的文献数量:
        n=609
            ↓                    (通过阅读摘要)排除研究内容不
            →                    吻合及研究存在明显漏洞的文献:
                                 n=542
阅读摘要后符合条件的文献数量:
        n=67
            ↓                    (通过阅读原文)排除未报告必要
            →                    数据的文献: n=50
最终纳入Meta分析的文献数量:
        n=17
```

图 35 创新绩效代理变量

的数据进行效应量(effect size)与标准误(standard error)的提取,最终得到 17 篇文献,共 59 个效应量。

数据处理

本研究 Meta 分析中采用的效应量受家族企业传承的研究方法影响,选用皮尔逊相关系数(P)。对于没有报告 P 的文章,也可以通过其他参数进行转换,本研究中使用到的为 T 值的转换[基于 Andy(2010)、Wilson(1999)]:

$$\rho=\sqrt{\frac{t^2}{t^2+df}}, Df=n_1+n_2-2(n_1、n_2\text{ 为两组的样本量})$$

之后我们需要使用费雪 Z 转换,其目的是为了使得 ρ 的分布更加贴合于正态分布,具体使用公式如下: $Z=\frac{1}{2}\ln\left(\frac{1+\rho}{1-\rho}\right)$。可将结果中的 Z 再转换为 ρ,易得: $\rho=\frac{e^{2Z}-1}{e^{2Z}+1}$

近年来,代际传承相关研究逐渐热门,国内外学者综合运用虚拟变量、离散变量、连续变量等多种变量类型对自变量和因变量进行了度量,表 8 为具体的代理变量的选择与度量方式。

表 8　家族企业传承代理变量

变量类型	变量名称	代表文献
量表测量	家族代际传承意愿	周立新,2020
单个虚拟变量	二代涉入;二代自治;发生代际传承;家族传承意愿;两职合一	朱沆等,2016;赵勇等,2018;严若森等,2018,2020;吴炯等,2020
多个虚拟变量	参与管理、共同管理、接收管理;创始人担任 CEO、二代担任 CEO、外部经理人担任 CEO	蒋惠凤等,2018;张亚玲等,2019;金一禾等,2020

(续表)

变量类型	变量名称	代表文献
离散变量	传承进程；家族二代数量；两代共存治理	汪祥耀等，2016；李新春等，2020；郑登攀等，2020
连续变量	二代内部管理权继任情况	李艳双等，2020

对于家族企业传承代理变量的选择，Berrone等开发了量表测量家族代际传承意愿，包括四个题项，例如"将成功企业传递给下一代家族成员"等。许多学者采用设置单个虚拟变量的形式进行测量，代理变量如二代涉入（公司实际控制人是否为二代）、二代自治、发生代际传承、家族传承意愿（企业家有无传承意愿）、两职合一（接班人是否同时担任董事长和总经理）。也有学者设置多个虚拟变量，如蒋惠凤等采用参与管理、共同管理、接收管理三个虚拟变量，用于测量家族企业所处的传承阶段。还有学者采用离散变量进行测量，如汪祥耀等选择了传承进程作为解释变量，未传承赋值为0，参与管理赋值为1，共同管理赋值为2，接收管理赋值为3。李艳双等采用了二代内部管理权继任情况作为代理变量，定义为二代家族成员在企业管理层中所占的比例。

与家族企业传承相比，更多的学者选择了使用量表测量创新绩效。很多学者设计量表对创新行为或者创新战略进行测量，但是也有学者选择离散变量作为创新绩效的代理变量，如专利申请数、专利被引用数、新产品数。李新春等使用二代进入企业高层后的一年中家族企业进入新行业的数量来测量家族企业组合创业情况，作为创新绩效的代理变量。创新绩效的代理变量中，使用频率最高的是研发投入强度等连续变量，定义为研发投入与营业收入或公司总资产的比值；汪祥耀等使用了研发人员比（研发人员数比员工总数），吴炯和王飞飞使用熵指数衡量企业经营多元化,李艳双等还使用了新产品销售收入与主营收入占比衡量产品创新绩效。与以上对创新绩效直接测量不同,郭超和吴炯等分别设置了产品转型、产业转型和地域市场转型三个子维度进行测量,其中郭超通过虚拟变量测量产业转型、家族企业接班前后3年产品收入熵指数的差值测量产品转型、家族企业接班前后3年地域多元化的差值测量地域市场转型,吴炯等全部使用了虚拟变量测量三个子维度。

表 9　创新绩效代理变量

变量类型	变量名称	代表文献
量表测量	技术创新;创业导向;组织创造力	陈志军等,2017;郑登攀等,2020;周立新,2020
离散变量	专利申请数、专利被引用数;新产品数;家族企业组合创业	李新春等,2016;顾露露等,2017;李艳双等,2020
连续变量	研发投入强度;研发人员比;熵指数;新产品销售收入占比	朱沆等,2016;汪祥耀等,2016;蒋惠凤等,2016;张亚玲等,2019
子维度	产品转型、产业转型、地域市场转型	郭超,2013;吴炯等,2015

Meta 分析结果与讨论

在使用 Meta 分析前,我们需要明确将会使用的模型。Meta 分析有两种主流模型:固定效应模型与随机效应模型。固定效应模型认为不同样本之间不存在明显差异,整体的误差大多来源于抽样误差;随机效应模型则相反,认为整体误差大多是样本间的异质性造成的。本研究均使用随机效应模型,依据如下。

主效应分析

采用合适的模型对 Meta 分析结果至关重要,Andy 建议使用随机效应模型,其理由是在现实情况下,样本研究间往往存在明显差异。本研究分别采用随机效应模型与固定效应模型对数据进行处理,并计算了 I^2 作为衡量误差来源的客观标准。根据 75% 准则,即 $I^2=25\%$ 时可以认为样本同质,即观察的异质性来源为抽样误差。

本研究首先使用软件 Stata 15.1 对企业政治联系与绩效进行了分析,结果如表 10 所示:共纳入 28 组数据,$I^2=92.7\%$ 远大于 75%,说明各样本间存在极大的异质性,因此应该采用随机效应模型,即选用 D+L 法:效用值为 -0.005,95% 置信区间为 $(-0.049, 0.040)$。因此从整体上看,我们无法说明家族企业传承与企业创新绩效存在相关性。然而 $I^2=92.7\%$ 则提醒我们需要进一步挖掘异质性来源。

同时,对 Meta 分析的文章进行偏倚性分析,常见的有 Begg's Test 与 Egger's Test 以及失安全系数三种检验方法,我们选用前两种方法。Begg's Test 中 $P=0.084>0.05$,Egger's Test 中 $P=0.154>0.05$,两种测量方法均说明本次研究不存在明显的发表偏倚。

表 10 主效应 Meta 分析结果

Study	ES	[95%]Conf. Interval		%Weight
D+L Pooled ES	-0.005	-0.049	0.040	100.00
I+V Pooled ES	-0.034	-0.044	-0.023	100.00
HeterogeneityChi-Squared=368.93(D. F. =27)P=0.000				
I-Squared(Variation In ES Attributable To Heterogeneity)=92.7%				
Estimate of Between-Study Variance Tau-Squared=0.012 1				

调节变量分析

在对整体数据进行亚组研究前,首先对各调节变量进行 Meta 回归,结果如表 11 所示,共包含两个方面。将创新投入记为 0,创新产出记为 1,得到创新定义 B=0.838(P=0.002),在 0.01 误差范围内显著;传承阶段 B=0.059(P=0.045),在 0.05 误差范围内显著。之后,本研究将具体分析各亚组数据。

表 11 Meta 回归结果

调节变量	N	B	Se	T	P>|t|
创新定义(投入 0,产出 1)	20	0.837 999 8	0.042 092 6	−3.52	0.002
传承阶段(参与 1,共同 2,接管 3)	12	0.058 507 8	0.025 614 7	2.28	0.045

创新定义的调节作用

首先应当明确的是,学界往往将创新研究分为创新投入与创新产出两部分,在以此对主效应进行亚组分析后,结果如表 12 所示,代际传承与创新投入呈显著负相关,ES=−0.04,95% 置信区间为(−0.09,0.00);代际传承与创新产出呈显著正相关,ES=0.13,95% 置信区间为(0.09,0.18),并且 I^2=27.5%,H2 得证。说明学界对于"家族企业在代际传承的过程中,高度重视创新效率,有效地增加了企业创新产出"这一观点具有高度一致性。同时,从样本量也可以看出学界更加侧重于对创新的投入,即企业创新动机的研究,对于创新产出的探索则相对缺乏。因此,在接下来的调节作用分析中,我们将把重点放在因变量为创新投入的文献上。

表 12　创新投入与产出分析

Study	样本量	ES	[95%Conf. Interval]	Freedom	I²	P
创新投入	27 665	−0.042	−0.087　0.003	21	91.8%	0.069
创新产出	3 327	0.134	0.092　0.176	5	27.5%	0.000
混合	30 992	−0.005	−0.049　0.040	27	92.7%	0.830

传承阶段的调节作用

为了进一步分析家族企业传承对创新投入的影响,需要对本次的自变量进行梳理。正如前文所述,家族企业传承并非一个简单的动作而是一个阶段性的过程,因此我们根据传承阶段进行测试。自变量根据传承阶段,将二代分为参与管理、共同管理和接收管理三阶段。在参与管理过程中,效应量为−0.12,95%置信区间为(−0.170,−0.069);在共同管理过程中,效应量为−0.09,95%置信区间为(−0.118,−0.064),两组效应量均在1%水平下显著,说明在家族企业传承前期,二代仍处于学习阶段,父辈为了能够在此过程中维持稳定,为二代完成传承提供适宜条件,会尽可能地避免风险性决策;而在达到接收管理过程时,效应量为−0.018,95%置信区间为(−0.127,0.091),效应量已不再显著,H1a、H1b得证,H1c不成立。这表明当二代顺利取得企业管理权时,企业的目标逐渐趋于长期导向,开始回归正常的经营逻辑。

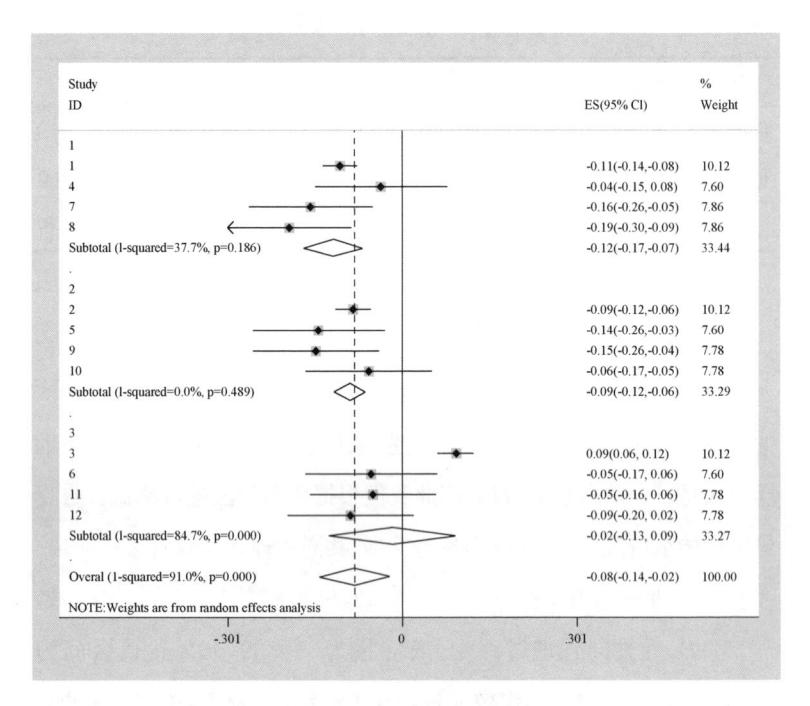

图 36 效应量分析

表 13 传承阶段检验

Study	样本量	ES	[95%Conf. Interval]		Freedom	I^2	P
参与管理	5 197	−0.120	−0.170	−0.069	3	37.7%	0.000
共同管理	5 171	−0.091	−0.118	−0.064	3	0.0%	0.000
接收管理	5 169	−0.018	−0.127	0.091	3	84.7%	0.745
混合	15 537	−0.083	−0.143	−0.022	11	91.0%	0.007

其他调节作用

在数据收集过程中,我们也总结了学者文献中已经提出的一些调节作用,并将同类型的数据进行汇总,结论如表14所示。二代兼任董事长与总经理,即两职合一的情况,并没有对企业创新投入产生显著影响(P=0.088>0.05),通常两职合一正处于代际传承过程中的接收环节,其最终结果也表现了一致性;而家族传承意愿同样没有对创新投入产生显著影响(P=0.253>0.05);家族认同对创新投入表现出了积极的影响,效应量为0.301,95%置信区间为(0.180,0.421),达到了中度相关性。具体而言,高度的家族认同感使得后代更加认可父辈们的创业愿景,因此更加倾向于开展长期导向的创新活动。同时,家族认同感增强了家族成员间的利他主义行为,使得二代拥有更好的环境进行创新投入,H3得证。

而基于高阶理论,二代自身的特质将有效影响家族企业的决策方式,从而为企业注入新鲜血液。由于两代管理者成长背景的差异,例如,二代学历、外部工作经历,都使得二代更乐意接受创新,并具备证明自己的勇气。本研究的分析:二代异质性对企业创新投入存在显著的正向影响,ES=0.169,95%置信区间为(0.073,0.265),H4得证。

表14 其他结论

Study	样本量	ES	[95%Conf. Interval]		Freedom	I^2	P
两职合一	7 093	0.095	−0.014	0.203	5	94.6%	0.088
传承意愿	1 662	0.207	−0.148	0.562	1	96.6%	0.253
家族认同	755	0.301	0.180	0.421	3	63.1%	0.000
二代异质性	2 103	0.169	0.073	0.265	10	79.6%	0.001

结论与不足

本研究基于我国政治联系研究的主流测量方式,通过国内外知名电子数据库筛选出 17 篇样本研究文献,并利用 Meta 分析的方法对其中的效应量进行了汇总,以此来探究家族企业传承对创新的实际影响,由此得出以下结论:

1. 从整体上看,家族企业传承对创新投入起到了抑制作用,其结果虽然显著,但影响效果轻微,并且样本内部异质性极强(ES=−0.042,I²=91.8%)。而家族企业传承对创新产出起到了显著的促进作用(ES=0.134,I²=27.5%),并且组内异质性极小,说明目前的研究在此问题上具备共识。

2. 为进一步探索家族企业传承对创新投入的影响机制,本研究将传承划分为参与管理、共同管理与接收管理三阶段,并发现随着二代逐步完成交接,传承对创新投入的负面影响逐渐减弱(B=0.058,P=0.045<0.05)。其中参与管理(ES=−0.12)、共同管理(ES=−0.09)对创新投入的负面影响均在 0.01 误差范围内显著,而接收管理 P=0.745 远大于 0.05,并不显著。

3. 二代同时兼任董事长与总经理并没有显著影响家族企业的创新投入(ES=0.095,P=0.088)。但其结果与接收管理相一致,可能被二代继任时间所影响。目前,学者对二代接收管理后的讨论较少,是一个潜在的研究方向。同样地,家族企业的传承意愿没有对创新投入产生积极影响(ES=0.207,P=0.253)。

4. 家族认同增强了家族成员间的利他主义行为,为二代进行创新投入带来了良好的环境。

5. 基于高阶理论,二代异质性会有效影响企业决策,显著提升了家族企业创新投入的强度(ES=0.169,P=0.001)。然而,在收集文献的过程中,我们也发现了少量关于二代同质性的研究,并且通过同质性将减少二代创新决策阻力的角度,认为二代与家族的同质性同样促进了企业创新投入。遗憾的是,此类研究数量过少,不足以支撑进行更进一步的 Meta 分析,具体的机制还有待深入探索。

重要文献

[1] Ibrahim B. , Khaled S. , Jose L. . A Study of Succession in A Family Firm. Family Business Review,2001,14(3):245—258.

[2] Kelin-E Gersick, Lansberg Ivan, Desjardins Michele, et al. Stages and Transitions: Managing Change in the Family Business. Family Business Review, 1999 (4):287 - 297.

[3] Burkart M. , Fausto P. , Andrei S. . Family Firms. The Journal of Finance,2002,58(5).

[4] Churchill N C, Hatten Kenneth-J. Non-Market-Based Transfers of Wealth and Power: A Research Framework for Family Business. American Journal of Small Business, 2004, 10(1):53 - 67.

[5] Duran P, Kammerlander N, Van Essen M, et al. Doing More with Less: Innovation Input and Output in Family Firms. Academy of Management Journal, 2015, 2016, 59(4):1224 - 1264.

[6] Thomas-M Zellweger, Kellermanns Franz-W, Chrisman James-J, et al. Family Control and Family Firm Valuation by Family CEOs: The Importance of Intentions for Transgenerational Control. Organization Science, 2012, 23(3):851 - 868.

[7] Utpal Bhattacharya, Ravikumar B. From Cronies to

Professionals: The Evolution of Family Firms. Available at SSRN, 2004.

[8] 何轩,陈文婷,李新春.赋予股权还是泛家族化——家族企业职业经理人治理的实证研究.中国工业经济,2008(5):109-119.

第十篇　家族企业的家族涉入与创新

家族企业的家族涉入

在优先保证家族控制的情况下,家族企业在选择家族管理者时,大多数不是以管理能力或技术水平作为第一优先考虑项,而是更倾向于选用家族直系亲属或旁系亲属来担任主要的管理经营岗位。尤其是创始人的配偶、子女和大家族宗亲有相当大的比例在家族中担任管理职位,此时家族成员对于企业的涉入程度就会非常高,使得家族企业具备所有权、管理权和经营权高度重合的特征。随着中国经济的迅猛发展,资本市场和公司治理制度不断完善,家族企业也暴露出由于控制权过度集中带来的一些问题,家族企业的家族涉入和可持续发展成为日益重要的学术和实践问题。因此,将家族企业家族涉入作为研究对象并研究其相关问题,不仅具有重要的学术意义,而且对于家族企业的可持续发展也具有重要的实践价值。

创业与创新密切相关,创新是创业成功的基础,持续的创新也是家族企业能够实现代际传承的关键,是企业长期竞争力的构建基础。但是,研发创新作为一项长期、多阶段的活动,具有高风险的特征,需要大量的人才、物力、财力等各项资源,这需要企业具备长期的发展意识和规划能力。家族企业与非家族企业相比普遍存在创新投入不足的问题①。根据《2016中国家族企业健康指数报告》披露的数据,仅有37%的家族企业每年投入的研发费用达到销售收入的5%。作为中国国民经济的重要组成部分,在控制权相对更集中的情境下,研究如何提升家族企业创新意愿和创新能力是一个有意义的话题。

家族涉入是家族对家族企业实时控制的主要方式,目前关于家族涉入对企业创新的影响机制还不明确,实证研究还没有达成一致结论。家族可以从多方位对家族企业进行涉入,比如通过持股实施投票权、通过管理实施经营决策权等。部分学者认为,家族的涉入程度越高,家族对于企业越具有较高的控制权,保护社会情感财富是家族所有者的首要目标。但也有部分学者发现,家族企业子承父业的传承特性使得其更为注重社会情感财富的长期导向,而所有权与经营权的一致性降低了企业代理成本,家族成员管理者从管家角色的视角思考问题,使得家族企业更愿意接受高风险、高收益的创新投入。从对以往的研究梳理中发现:(1) 关于家族涉入对于企业创新影响的结论还存在较大分歧,难以得出普遍性结论;(2) 以往文献大多从所有权或者经营权某一方面来衡量家族涉入的程度,较少综合考虑不同维度涉入的影响作用和机制;(3) 家族企业是一个复杂的整体,基于不同的理论依据和影响路径往往难以得到统一的结论,分析框架与研究结论具有一定的局限性。(4) 尚无文献对家族涉入与企业创新的关系进行 Meta 分析,情境因素与测量因素在其中发挥何种作用亦不明确。

通过文献搜集和梳理,本研究将现有的 82 篇关于家族涉入与企

---

① Chrisman J J, P C Patel. Variations in R & D Investments of Family and Nonfamily Firms: Behavioral Agency and Myopic Loss Aversion Perspectives. Academy of Management Journal, 2012, 55(04): 976-997.

业创新关系的实证文献采用 Meta 分析方法进行整合分析。从家族涉入的不同维度,全面考虑家族涉入对于企业创新的关系,梳理家族涉入与企业创新的理论基础和作用机制,形成较完备的分析框架和理论机制;探讨情境因素和测量因素对于研究是否起到调节作用,试图阐明不同背景研究结果产生差异的原因。

相关概念界定

1. 家族涉入

基于家族企业的界定是强调家族成员在企业决策过程当中的主导地位,目前关于家族涉入的定义主要从所有权、管理权、经营权和代际传承几个方面进行界定。我们统计了不同学者从不同的视角对家族涉入的度量方法,见表 15。

表 15 家族涉入维度及其测量方法

涉入维度	代表学者	测量方法
所有权	Chrisman et al. (2012)	家族所有权的比例
	Anderson & Reed(2003)、许永斌等(2020)	家族拥有的股权的比例
	Bendig et al. (2020)、Chirico et al. (2020)	家族拥有的投票权
	Munari et al. (2010)、Werner et al. (2018)	将家族控股超过某一比例时进行赋值
	Ingram et al. (2020)、吴炳德(2016)	问卷量表测量
管理权	Schmid (2014)、Huang et al. (2016)	董事会任职的家族成员人数占董事会总人数比例
	代吉林等(2012)	董事长是否由家族成员担任,是取值为1,不是则为0

(续表)

涉入维度	代表学者	测量方法
经营权	Schmid(2014)、付瑶等(2019)	家族成员担任高管人数占高管团队总人数比例
	De Massis et al.(2014)、蔡地等(2016)	家族成员担任高管人数
	Ashwin et al.(2015)、严若森和叶云龙(2014)	CEO是否由家族成员担任,是取值为1,不是则为0
代际传承	Cucculelli et al.(2016)	将家族企业的管理者划分为创始人与二代及更多代数
家族凝聚力	陈士慧等(2016)	FACES问卷所编制的7题项量表

家族企业实施家族控制主要是通过金字塔持股、交叉持股、双层股权等方式进行[1],因而所有权的维度主要是从股权的视角出发,多数学者通过家族所有权的占比来衡量家族对企业的涉入程度,家族持股权比例越高意味着涉入程度越高。部分学者通过家族拥有的投票权衡量对家族企业施加的影响程度,还有部分学者采用定性测量的方法,如利用二元虚拟变量测量,家族所占股份超过10%赋值为1,否则为0,或利用量表测量家族控制的程度。

管理权的维度主要是从董事会决策视角出发,家族企业控制人通过控制董事席位的方式来影响公司决策实现家族控制。不同企业的董事会结构因为控制家族权力的大小而存在差异,家族权力越大,家族企业董事会中外部董事的数量可能越少,家族企业董事长和总经理二者合一的现象更为普遍。多数学者通过董事会中任职的家族

---

[1] 唐宗明,蒋位.中国上市公司大股东侵害度实证分析.经济研究,2002(4):44-50,94.

人员所占比例来衡量家族管理权的涉入程度,还有部分学者根据董事长是否由家族成员担任,利用虚拟变量进行划分。

经营权的维度主要是从管理层面出发,家族企业控制人出于自我雇佣与控制企业的考虑,家族成员往往参与企业经营,并参与高管团队或占据主要管理岗位。多数学者采用高管团队中家族成员所占比重对家族经营权涉入进行衡量[1],部分学者将家族成员担任高管人数纳入考察,还有部分学者根据家族成员是否参与管理,利用虚拟变量对其进行划分。此外,少部分学者从代际传承、家族凝聚力等视角考察了家族涉入的影响。

2. 创新

关于企业创新的测量方式五花八门,可以分为创新绩效和创新行为的角度测量,也可以从创新投入与产出的角度测量。有直接的问卷测量方法,也有利用代理变量的二手数据进行测量。现有研究大多从投入和产出两个角度出发对创新进行测量,创新投入一般用研发投资强度指标代表,即使用研发投入与营业收入之比或研发投入与总资产之比来测量;创新产出指标一般用知识产权、发明专利等的自然对数来衡量。此外,还有少部分学者从定性的角度,如 Jansen 的李克特量表为代表的测量方式,以 6 个题项来测量探索性和开发性创新两方面的创新意愿。

研究视角

家族企业区别于非家族企业的最大特点在于家族控制,而家族对

---

[1] 付瑶,陈刚,安永景,等.家族涉入对企业双元创新影响的实证分析.科技管理研究,2019,39(23):227-235.

企业的控制权受到家族对企业经营活动和决策的涉入程度的影响。涉入程度越高,家族对企业的控制权越高,因此管理者在决策时关注的行为准则也会发生变化。社会情感财富理论对家族企业决策行为进行了解读,其主要观点是,家族企业管理者在进行决策时以保护社会情感财富为主要的决策参考点,根据决策可能对社会情感财富产生的积极或消极作用来决定决策的风险承担水平。所以,社会情感财富理论成为家族涉入对家族企业行为决策影响机理的重要研究视角。

资源依赖理论是解释家族决策行为的另一个重要理论基础。基于资源依赖理论,家族企业中有的资源往往具有很强的家族特性,这种特殊的资源会随着家族对企业涉入程度的不同而变化,家族管理涉入程度越深,家族成员在企业内部的社会资本总和就越高,家族成员之间彼此的合作性和信任水平也越强,能够为家族企业服务的家

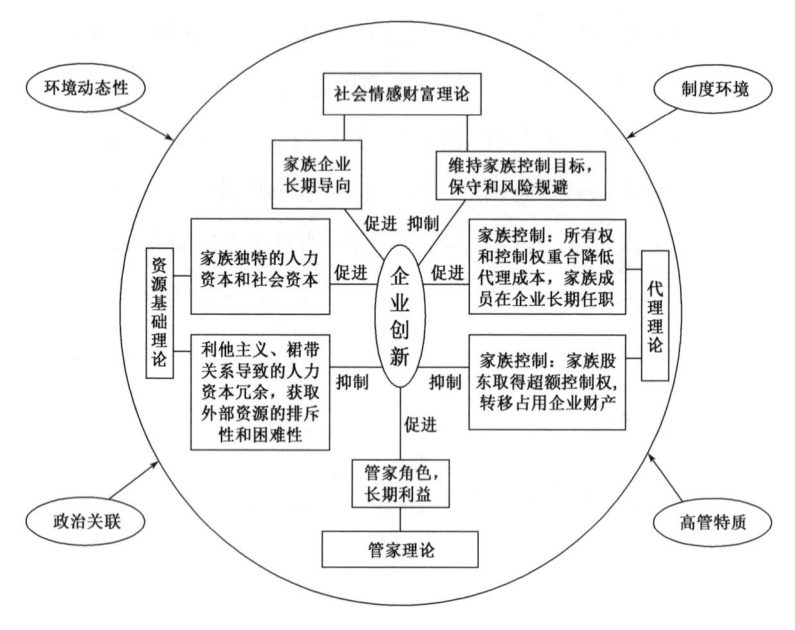

图 37　家族涉入与企业创新研究的理论框架综述

族社会资本也就越多。所以，不同的家族涉入程度从资源依赖的角度会对家族企业的行为选择产生复杂的影响。同时，家族企业特殊的权力配置结构使得其内部的委托代理关系更为复杂，家族成员之间的权力配置以及家族与非家族成员之间的权力配置，甚至在加入联盟的家族企业中控股家族股东与其他家族股东都存在多重且复杂的代理关系，所以委托代理理论也是家族企业研究的重要理论基础。

家族涉入对创新的影响

家族所有权涉入与企业创新

目前学者对家族企业涉入的研究，基本都是从股权、管理、经营和代际传承的角度进行测量。从家族持股的角度测量的家族涉入，一般被称为家族企业的所有权涉入，所有权涉入是家族企业的典型特征，是指家族控制人拥有企业大部分的所有权，独特的所有权结构特征决定了家族企业在风险偏好、融资倾向、大股东与小股东的代理问题上具有独特的性质，使得家族企业在创新投资等高风险决策上受到影响。

首先，基于约束性社会情感财富理论视角，家族所有者往往表现为保守和风险规避。而创新投资或研发活动作为一种高风险活动，很有可能会导致技术失败和财务绩效下滑。基于发明成功的不确定性，在将发明应用于产品或服务之前，很难对发明在创新过程中的附加值进行事前评估，导致研发投资有时根本没有任何价值。这种财务绩效下滑和技术失败的风险威胁着家族企业的社会情感财富。

其次，作为社会情感财富考虑的另一方面，家庭所有者寻求对家族保持控制和影响力。由于研发项目非常复杂,通常涉及合作和从外部合作伙伴处获取知识、技术,并且需要较多的长期资金支持,这通常意味着需要放弃对公司内部流程的一些控制来获取外部融资。研发项目的数量越多,所需要的资本投入也越多,管理的复杂性就越高,对公司保持严格控制的可能性就越低。为了避免这种"失控",家族控制愿望会促使其尽量避免外部融资稀释股权,而这必然会限制其资本获得,从而使其倾向于更稳定的决策。

最后,家族企业所有权涉入程度的提高会使得股权进一步向家族大股东集中,这使得大股东对于企业的重大决策具有决定性的地位,而这种集权式的控股模式使得家族企业内部大股东为了自身的利益可能会采取一定的举措侵占外部中小股东的利益。综上,本研究提出以下假设:

H1:家族所有权涉入对企业创新具有负向影响。

家族管理权涉入与企业创新

所有权涉入不一定能完全表达家族涉入程度,例如有的家族企业的创始股东家族绝对持股比率已经非常低,但是通常对组织结构的设计和人员安排仍然拥有话语权,家族成员还是能够涉入企业的运营,实现对家族企业的管理绝对的控制权。家族对企业的管理权涉入,主要表现在董事会成员的占比,即对关键决策权的控制。如果企业的关键决策由家族控制,即实现了所有权和管理权的统一,家族保护社会情感财富的意愿很容易转化为实际行动。基于委托代理理论,家族管理者作为代理人角色可能更倾向于保护家族社会资本,那么他们可能更倾向于降低高风险性的研发投资以实现对企业的控制,保护社会情感财富。综上,本研究提出以下假设:

H2：家族管理权涉入对企业创新具有负向影响。

家族经营权涉入与企业创新

基于资源依赖理论，企业家族所具备的政治资源、行业协会及社区关系、金融机构等社会资本可助其构建稳固的企业社会网络。参与家族企业经营决策的成员越多，企业越能更充分地利用家族社会资本或者家族成员个人的社会资本来承担风险或创造价值。同时基于代理理论，家族成员参与企业的经营决策就意味着企业的所有权和经营权融合，减少了企业内部第一类治理问题，降低控股家族股东的监督成本，家族高管因此而拥有更长的任期，从而减少基于业绩考核压力而导致的短期主义行为。

但另一些学者认为，家族成员担任高管对企业创新具有负面影响。由于高管团队的家族管理者与家族控制人拥有相似的社会情感财富诉求，家族管理者会减少实际的研发资金投入以降低潜在损失风险。虽然家族成员的利益一致性会降低代理成本，但同时也可能增加家族成员的"搭便车"行为，"吃老本"的心理导致家族成员缺乏变革意识和创新思维。综上，提出以下辩证性假设：

H3a：家族经营权涉入对企业创新具有正向影响。

H3b：家族经营权涉入对企业创新具有负向影响。

潜在的调节变量

1. 国家发达程度的调节作用

创业创新活动的相关研究有不同的理论流派，其中环境学说认为创业或创新的成功主要取决于企业所面临的社会政治制度环境。因为创新投入的长期性和高风险性，完善的政治制度和法律制度能为企业创新活动提供有力的保护。例如,在法律环境不完善的地区,企业大量的创新投入会带来很大的风险,但创新产出不能得到很好的保护,那也就意味着家族企业的社会情感财富可能会因此而受到损失。出于保护社会情感财富的目的,家族企业会减少自身的技术创新活动。另外,创新所需要的大量资源需要企业进行外部募集,在正式制度不完备的区域,家族企业的潜在利益相关者也可能意识到相应的投资风险,家族企业因此而很难解决由创新而产生的资源限制问题。于是,提出如下假设:

H4:国家发达程度能够调节家族涉入与企业创新之间的关系,相较于不发达国家,在发达国家中家族涉入对企业创新的负向作用更弱。

2. 家族涉入的测量方式

家族涉入有不同的维度构成,不同的维度又可能采用不同的测量方法。比如一些利用二手数据进行的研究,家族所拥有的股份对家族所有权涉入的测量,用董事会中任职的家族成员人数占董事会总人数的比例测量管理权涉入,或者家族成员参与高层管理团队的比值测量经营权涉入。同时,也有另外一部分研究对家族涉入的测量采用量表进行测量,不同测量方式的可信度和效度存在差异,导致不同实证研究的结果也不完全一致。因此,提出如下假设:

H5:家族涉入的测量方式能够调节家族涉入与企业创新之间的关系,相较于定性测量,定量测量方法取得的家族涉入对企业创新的负向作用更强。

3. 企业创新的测量方式

现有研究主要从投入和产出两个角度出发对创新进行测量,创新投入一般用研发投资强度指标代表,即使用研发投入与营业收入之比或研发投入与总资产之比来测量;创新产出指标一般用知识产权、发明专利等的自然对数来衡量。此外,还有少数研究从创新能力的维度进行测量。如采用技术人员占总员工人数的比例或利用量表定性测量企业的创新能力①。考虑到其他测量方式的实证文献较少,且技术人员占比或创新强度也可以认为是企业在创新研发方面的前期投入。因此,本研究将这3篇文献纳入 Meta 分析时归类为研发投入测量。

创新投入作为企业创新决策的落地表现之一,反映的是企业在战略决策和经营管理方面的实施性方案,对应的是企业前期的意愿维度。而创新由于本身的高度不确定性和长期性,产出的结果不仅取决于前期的战略决策,也与实施过程中的持续投入与企业资源息息相关。相较于投资阶段,研发过程中企业在资金、人力、技术、持续性等方面能够长期影响最后的产出成果,具备更大的不确定性。因此,提出如下假设:

H6:企业创新的测量方式能够调节家族涉入与企业创新之间的关系,相较创新投入,采用创新产出测量方法取得的家族涉入对企业创新的负向作用更强。

数据收集与处理

文献搜索与筛选

本研究使用以下方法全面搜索研究所需文献:(1) 在 Web of

---

① 李婧,贺小刚.高层管理团队中家族权威与创新能力研究:以家族上市公司为视角.管理学报,2012(9):1314-1322.

Science、ABI/INFORM、EBSCO、Google Scholar、Psycinfo 等英文学术数据库中,以 1991 年 1 月至 2020 年 11 月为区间,检索、链接并下载题名、摘要或关键词包含"family firm/family business/family enterprise/family sme/family ownership/family-Owned"和"innovation/innovate"的文献。(2) 在中国知网中文学术数据库中以 1991 年 1 月至 2020 年 11 月为区间,检索、链接并下载题名、摘要或关键词包含"家族""涉入＋董事＋股权＋所有权＋控制权＋决策权＋管理权"和"创新＋研发＋R&D"的文献。(3) 对长期研究家族涉入和创新的学者进行专项检索;对国内外管理学的核心期刊进行专项检索。(4) 为确保相关文献没有被遗漏,我们还逐一检查了已搜集到的综述及实证研究的参考文献。通过以上检索,本研究初步获得 1 403 篇相关文献。

对搜索到的文献按照以下标准进行筛选:(1) 对"家族涉入"内涵的界定符合本研究的定义,即家族涉入主要包括所有权、治理、管理和跨代传承或涉入。(2) 聚焦家族涉入(各个维度)与企业创新研发(投入或产出)的关系。(3) 剔除案例、综述等非实证文献,筛选出实证研究文献。(4) 所选文献需报告样本量与 Meta 所需的效应值(如 R、P 值,T 值,B、Se、Sd 等)。(5) 使用相同样本发表的不同的研究成果,本研究将其归类为同一项研究。经过筛选,共获得 82 篇关于家族涉入与企业创新关系的实证文献,文献纳入率为 5.84%。其中中文文献 47 篇,英文文献 35 篇;期刊类公开发表的论文共 55 篇,硕士、博士学术论文共 27 篇。

数据编码

在正式编码之前,本研究制定了编码手册。由本研究的两位研究者分别单独进行编码,形成编码表。编码的主要内容是效应值统计项。研究描述项包括题名、作者、发表时间、刊物、数据来源国家以及变量维度、测量方式、研究对象性质等研究特征信息;效应值统计项包括样本量、相关系数、回归系数(B)等统计信息。一个独立实证研究为一个编码单位,若一个研究中多个效应值来自不同的样本总体或采用不同的代理变量,则对这多个效应值进行多次编码。首次编码完成后进行交叉核对,一致率达到87.33%,对不一致的内容通过与原文核对和讨论达成共识,最终得到181项独立实证研究,家族所有权、管理权、经营权涉入与企业创新研发的独立实证研究数分别为101、26、54,样本总量分别为303 735、59 707、137 951。

Meta分析结果与讨论

效应值转化

效应值是Meta分析中的关键性指标,由于纳入分析的文献结构存在差异,因此需要合并效应值,常用的做法是转化成统一的效应值,即相关系数。鉴于有部分文献只报告了回归系数,本研究根据Peterson & Brown(2005)提供的方法将回归系数转化为相关系数,其次,将单个的R值通过费雪转换得到Fisher's Z值,Fisher's Z=$\frac{1}{2}\ln\left(\frac{1+r}{1-r}\right)$通过上述转化,本研究共获得181个效应值。

同质性检验

Meta分析的前提条件是多个独立研究之间存在相似性,这就需要对各项研究进行效应值分布的同质性检验。同质性检验通常使用 Q 值和 I^2 这两个统计指标来评估样本异质性水平。当 Q>K-1，I^2>0.6 且 P 达到显著性水平时，纳入的样本被认为是异质的，若效应值分布呈现异质性特征，则采用随机效应模型，否则采用固定效应模型。[1]

检验结果如表 16 所示，以家族所有权涉入与企业创新关系为例，Q 值=11 564.17>100，I^2=99.46>0.6，且 P 值=0.000<0.05，即效应值存在异质性，表明不同研究之间的变量测量和样本特征等存在差异。I^2 值为 99.46，这表明约 99.46% 的观察变异是由效应值的真实差异造成的；τ^2 为 0.063，说明研究间变异有 6.3% 可用来计算权重。同理，家族所有权涉入、经营权涉入与企业创新相关性的同质性检验结果也是显著的。因此，本研究采用随机效应模型。

表 16 效应值同质性检验结果

家族涉入类型	K	N	同质性检验					
			Q 值	Df	P 值	τ^2	I^2	H^2
所有权涉入	101	303 735	11 564.17	100	0.000	0.063	99.46	184.97
管理权涉入	26	60 868	1 875.39	25	0.000	0.045	98.96	96.51
经营权涉入	54	137 951	23 104.84	53	0.000	0.140	99.71	349.25

注：K 为独立研究样本数，N 为独立样本量。

---

[1] Murray, J., Farrington, D. P., Sekol, I.. Children's Antisocial Behavior, Mental Health, Drug Use, and Educational Performance after Parental Incarceration: A Systematic Review and Meta-Analysis. Psychological Bulletin, 2012, 138(2): 175-210.

出版偏倚分析

出版偏倚是高效应值的研究比报告低效应值的研究更容易发表,从而使得用于 Meta 分析的结果可能存在偏倚问题。[①] 元分析应该尽可能包含所有可获得的研究,从而提高研究结果的可靠性。

本研究采用目前判断出版偏倚的主要检测方法,即漏斗图、Egger 检验和 Begg 检验。一般情况下,研究点集中在漏斗顶端,并在两侧均匀分布,则表明不存在偏倚;研究点集中在漏斗底部并聚集在某一侧,则表明可能存在偏倚。由图 38 可以看出,本研究结果存在出版偏倚的可能性较小。Egger 检验的 P 值和 Begg 检验的 P 值均大于 0.05,进一步说明本研究不存在明显的发表偏倚问题。

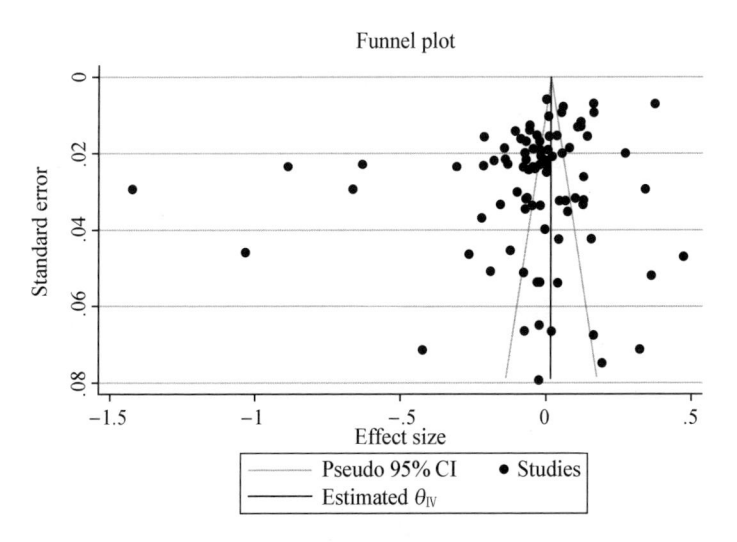

图 38 所有权涉入效应值分布图

[①] Rothstein H R,Sutton A J,Borenstein M. Publication Bias in Meta-Analysis. John Wiley and Sons,Ltd,2005.

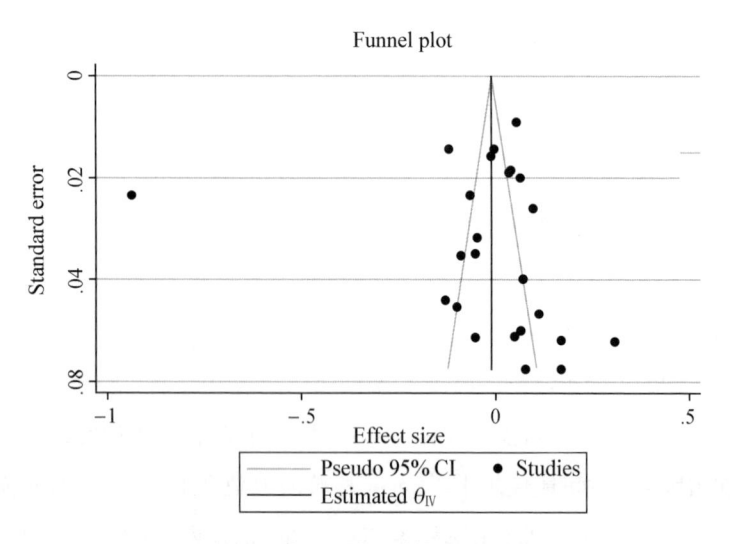

图 39 管理权涉入效应值分布图

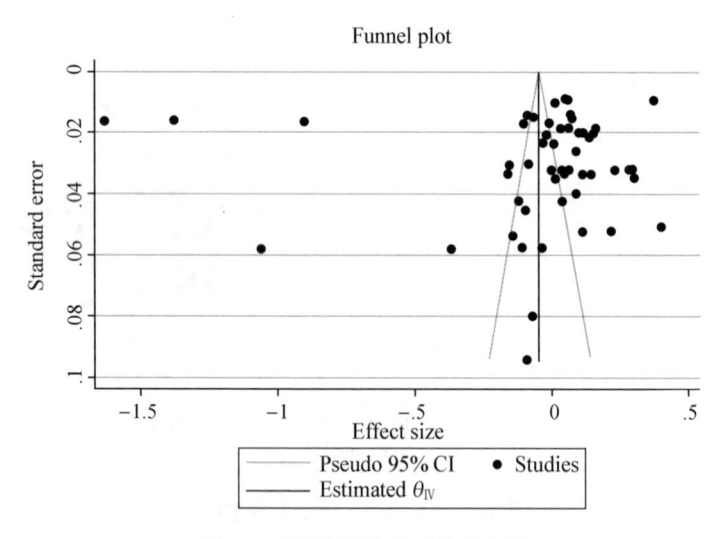

图 40 经营权涉入效应值分布图

表 17　Egger 检验和 Begg 检验结果表

	K	Egger 检验 P 值	Begg 检验 P 值
所有权涉入	101	0.950	0.626
管理权涉入	26	0.192	0.859
经营权涉入	54	0.953	1.986

主效应检验

家族涉入各维度,即所有权涉入、管理权涉入、经营权涉入与企业创新相关性的主效应检验,如表 18 所示。3 个综合效应值分别为 −0.049、−0.013、−0.049,且 P 值均小于 0.05,说明家族所有权涉入、管理权涉入、经营权涉入与企业创新的关系均显著负相关,假设 H1、H2、H3b 得到验证。

表 18　家族涉入各维度与企业创新关系的影响效应

家族涉入类型	模型	K	N	效应值及 95% 置性区间 ES	−95%CI	95%CI	双尾检验 Z 值	P 值
所有权涉入	随机	101	303 735	−0.049	−0.098	0.000	−1.94	0.000
管理权涉入	随机	26	59 707	−0.013	−0.096	0.070	−0.31	0.000
经营权涉入	随机	54	137 951	−0.049	−0.149	0.052	−0.95	0.000

调节效应检验

本研究分别检验了样本来源国家发达程度、家族涉入测量方式和创新测量方式对于不同维度的家族涉入与企业创新之间的调节作用。

1. Meta 二元分析

总体效应的 Meta 分析结果表明本研究样本分析结论存在异质性，说明家族涉入各维度与企业创新的关系受到潜在调节变量的影响。本研究在对研究样本研究文献进行编码的基础上，通过 Meta 二元分析进一步探讨潜在调节变量对二者关系的调节作用。（1）对于国家发达程度的调节作用，不发达国家样本与发达国家样本比较，家族所有权涉入、管理权涉入和经营权涉入与企业创新关系的综合效应值均显著，分别为－0.024＞－0.100、－0.015＜－0.003、－0.072＜0.087，且同质性检验均显著。说明相较于不发达国家，在发达国家中，家族所有权涉入对于企业创新的抑制作用更强，而家族管理权涉入对于企业创新的抑制作用更弱，经营权涉入对于企业创新甚至会出现正向的促进作用，假设 H4 部分得到验证。（2）对于家族涉入测量方式的调节作用，定性测量样本与定量测量样本比较，家族所有权涉入、管理权涉入和经营权涉入与企业创新关系的综合效应值均显著，分别为－0.004＞－0.058、0.105＞－0.036、－0.062＜－0.026，且同质性检验均显著。说明相较于定性测量方式，采用定量测量家族涉入时，家族所有权涉入和管理权涉入对于企业创新的负向影响更强，而家族经营权涉入对于企业创新的负向影响更弱，假设 H5 部分得到验证。（3）对于创新测量方式的调节作用，定性测量样本与定量测量样本比较，家族所有权涉入、管理权涉入和经营权涉入与企业创新关系的综合效应值均显著，分别为－0.037＞－0.073、0.027＞－0.128、0.012＞－0.215，且同质性检验均显著。说明相较于定性测量方式，定量测量企业创新水平对于家族涉入各维度与企业创新均具有负向的调节作用，假设 H6 得到验证。

表 19　家族涉入各维度与企业创新关系的调节效应

调节变量	家族涉入维度	同质性检验 Q值	Df	P值	类别	K	N	效应值 ES	95%置信区间
国家发达程度	所有权	6 742.6	67	0.000	不发达	68	238 545	−0.024	(−0.076, 0.028)
		4 111.6	32	0.000	发达	33	65 190	−0.100	(−0.205, 0.006)
	管理权	1 847.9	18	0.000	不发达	19	50 884	−0.015	(−0.128, 0.098)
		20.7	6	0.002	发达	7	8 823	−0.003	(−0.045, 0.039)
	经营权	22 666.6	45	0.000	不发达	46	120 776	−0.072	(−0.186, 0.043)
		249.2	7	0.000	发达	8	17 175	0.087	(−0.044, 0.218)
家族涉入测量方式	所有权	2 339.1	16	0.000	定性	17	93 777	−0.004	(−0.158, 0.149)
		6 725.8	83	0.000	定量	84	209 958	−0.058	(−0.109, −0.007)
	管理权	23.9	3	0.000	定性	4	27 423	0.105	(−0.010, 0.219)
		1 629.3	21	0.000	定量	22	32 284	−0.036	(−0.129, 0.057)
	经营权	22 472.5	32	0.000	定性	33	109 753	−0.062	(−0.211, 0.086)
		582.0	20	0.000	定量	21	28 198	−0.026	(−0.026, 0.085)
创新测量方式	所有权	7 910.9	67	0.000	投入	68	185 866	−0.037	(−0.099, 0.025)
		3 610.8	32	0.000	产出	33	117 869	−0.073	(−0.152, 0.007)
	管理权	243.7	18	0.000	投入	19	54 432	0.027	(−0.020, 0.074)
		1 030.6	6	0.000	产出	7	5 275	−0.128	(−0.399, 0.142)
	经营权	2 115.0	39	0.000	投入	40	105 971	0.012	(−0.057, 0.081)
		14 344.9	13	0.000	产出	14	31 980	−0.215	(−0.538, 0.107)

2. 调节效应的 Meta 回归分析

根据上述分析可知,本研究搜集的样本研究文献的研究结论具有显著异质性,这种差异可能来源于样本国家发达程度、家族涉入测量方式和创新测量方式三方面潜在因素的差别。为了探讨调节变量对家族涉入与企业创新关系的调节程度,在对样本研究文献进行编码并以研究样本量为依据计算各文献权重的基础上,构建如下模型进行回归分析:

$$Y_i = \alpha + \beta X_i + \gamma Z_i + \varepsilon_i$$

其中,Y_i 为样本研究献的综合效应量;X_i 为本研究选取的 3 个调节变量;Z_i 为各研究样本的数量;ε_i 为残差项。

在将 3 个调节变量纳入 Meta 回归分析模型后,(1) 国家发达程度的回归系数在所有权、管理权、经营权三种家族涉入维度样本中分别为-0.076、0.009、0.156,且均在 1% 的水平上显著,进一步验证了国家发达程度对于家族涉入与企业创新具有显著的调节效应;(2) 家族涉入测量方式的回归系数在所有权、管理权、经营权三种家族涉入维度样本中分别为-0.054、-0.146、0.035,且均在 1% 的水平上显著,进一步验证了家族涉入测量方式对于家族涉入与企业创新具有显著的调节效应;(3) 创新测量方式的回归系数在所有权、管理权、经营权三种家族涉入维度样本中分别为-0.036、-0.161、-0.227,且均在 1% 的水平上显著,验证了创新测量方式对于家族涉入与企业创新具有显著的负向调节效应。

表 20　家族涉入与企业创新的 Meta 回归分析结果

调节变量	涉入维度	系数	标准误	Z值	P值	−95%CI	95%CI
国家发达程度（不发达=0，发达=1）	所有权	−0.076	0.053	−1.42	0.000	−0.180	0.028
	管理权	0.009	0.097	0.09	0.000	−0.181	0.199
	经营权	0.156	0.144	1.08	0.000	−0.126	0.439
家族涉入测量方式（定性=0，定量=1）	所有权	−0.054	0.067	−0.80	0.000	−0.186	0.078
	管理权	−0.146	0.115	−1.27	0.000	−0.371	0.080
	经营权	0.035	0.106	0.33	0.000	−0.173	0.243
创新测量方式（投入=0，产出=1）	所有权	−0.036	0.054	−0.66	0.000	−0.141	0.070
	管理权	−0.161	0.092	−1.76	0.000	−0.341	0.018
	经营权	−0.227	0.114	−2.00	0.000	−0.449	−0.004

综上，Meta 二元回归与调节变量 Meta 回归得到了一致性结论，即假设 H4、H5 得到了部分验证，假设 H6 得到了验证，进一步保证了结论的稳健性。

讨论与分析

对于家族所有权涉入，出于对社会情感财富的保护，家族所有者不仅表现保守和风险规避，还寻求对家族保持控制力和影响力。此外，家族企业所有权涉入程度的提高会使得股权进一步向家族大股东集中，这使得大股东对于企业的重大决策具有决定性的地位，而这种集权式的模式使得家族企业内部大股东为了自身的利益可能会采取一定的举措侵占外部中小股东的利益，以寻求短期收益，而创新投资或研发活动作为一种高风险活动，面临着较大的不确定性，因而家族所有权涉入程度的提高与企业创新具有显著的负相关关系。

对于家族管理权涉入,一方面,决策层涉入的程度会直接影响经营决策是否符合家族意愿和价值取向。这使得家族的社会情感财富保护的目标更能直接转化为实际的行动,不管是维持控制、规避风险还是裙带行为,都会抑制企业的研发投资水平。另一方面,家族企业控制权涉入的程度越高,家族企业董事会内部家族成员的占比越高,非家族成员董事占比越低,考虑到家族成员家庭关系网络的封闭性和社会关系网络的有限性,控制权涉入越高越不利于企业利用外部多样化资源,从而也不利于企业的创新。

对于家族经营权涉入,家族成员的机会主义行为会削弱执行层的长期意识,使其安于现状和现有产品、厌恶风险性的投资。因而家族经营权涉入程度的提高与企业创新具有显著的负相关关系。

国家发达程度的调节作用,元分析结果表明,相较于不发达国家,在发达国家中,家族所有权涉入对于企业创新的抑制作用更强。这一结论与我们的假设矛盾。我们认为得出该结论的原因可能是:在发达国家或地区,正式制度和资本市场更完善,但为了维护家族的控制、避免股权流失,家族控制人可能会避免外部融资等造成股权分散的可能性。同时,家族企业中更多的是中小企业,在发达国家更激烈的竞争市场中,为了避免高不确定性活动带来的巨大风险,所有者可能会更倾向于保守的决策。

对于家族涉入测量方式的调节作用,元分析结果表明,说明相较于定性测量方式,采用定量测量家族涉入时,家族经营权涉入对于企业创新的负向影响更弱。这一结论与我们的假设矛盾。我们认为,得出该结论的原因可能是由于创新研发属于重大战略决策,其直接决策人主要为决策层,而高管团队作为执行层,一方面,其经营方针往往与决策层高度相关;另一方面,高管团队参与公司的管理经营,实际的家族涉入程度往往比定性测量的要高。因而采用定性方式测量时往往会低估家族经营权的涉入程度,从而使得该测量对创新的敏感程度更高。

对于创新测量方式的调节作用,元分析结果表明,相较创新投入,采用创新产出测量方法取得的家族涉入各维度与企业创新的负向关系更强,符合本研究的假设。

以往的研究在结论上存在较大的分歧,且缺少对于不同涉入维度的整合。本篇内容基于 Meta 分析方法对现有关于家族涉入与创新的研究结论进行了整合分析,揭示了家族涉入与企业创新关系的整合效应,是对现有实证研究的重要总结,也为深入探讨家族企业这一特殊主体的创新问题提供了可靠佐证,较完备地梳理了家族涉入与企业创新的内在机制和作用机理。我们对现有理论进行了更深入的分析,基于不同涉入维度探讨了对应的影响路径和作用方向,进一步明晰和完善了家族涉入与企业创新的理论框架和研究机制。明确情境因素(国家发达程度)和测量因素(家族涉入测量方式、创新测量方式)对二者关系的调节作用。本篇对于以往文献结论存在的异质性进行了探索和解释,有助于发现家族涉入对企业创新发挥效用的边界条件,也为未来研究提供了思路。

家族企业可以在保持股权的同时通过适当增加非家族成员担任董事的比例、雇佣职业经理人等方式引入外部管理者,这有助于增强董事会的决策能力,加强创新思维和优秀人才的引进,从而制衡家族成员,避免出现"家天下"的状态,进而提升企业的研发投资水平,抑制家族控制带来的风险厌恶倾向,促进企业的长期可持续发展。

由于收集渠道限制以及目前关于家族涉入与企业创新关系的实证文献有限,本研究纳入研究的样本容量有限,可能对研究结果有一定的影响。未来将控制权和现金流量权、所有权和决策权、家族控制时间等纳入家族涉入的维度划分,进一步丰富和完善研究的样本,从而更加全面地探讨家族涉入对于企业技术创新的影响。在目前的元分析中,我们关注调节因素的影响,但是受限于元分析方法自身的限制,由于本研究收集到的文献绝大多数没有报告企业性质分类、企业规模、组织环境等详细信息,因此本研究只检验了国家发达程度、家族涉入和创新测量方式的调节作用,而没有对其他可能存在的调节作用做进一步的分析。

重要文献

[1] Berrone P., Cruz C., Gomez-Mejia L. R.. Socioemotional Wealth in Family Firms. Family Business Review, 2012, 25(3): 258-279.

[2] Berrone P., Cruz C., Gomez-Mejia L. R., et al. Socioemotional Wealth and Corporate Responses to Institutional Pressures: Do Family-Controlled Firms Pollute Less?. Administrative Science Quarterly, 2010, 55(1): 82-113.

[3] Kor, Y. Y.. Direct and Interaction Effects of Top Management Team and Board Compositions on R & D Investment Strategy. Strategic Management Journal, 2006, 27(11): 1081-1099.

[4] Munoz-BullÓN F., Sanchez-Bueno M. J.. The Impact of Family Involvement on the R & D Intensity of Publicly Traded Firms. Family Business Review, 2011, 24(1): 62-70.

[5] 蔡地,罗进辉,唐贵瑶. 家族成员参与管理、制度环境与技术创

新.科研管理,2016,37(4):85-93.

[6] 吴炳德,王志玮,陈士慧,等.目标兼容性、投资视野与家族控制:以研发资金配置为例.管理世界,2017(2):109-119.

[7] 严若森,钱向阳,肖莎,等.家族涉入的异质性对企业研发投入的影响研究——市场化程度与政治关联的调节作用.中国软科学,2019(11):129-138.

第十一篇　家族企业的创始人与创新

家族企业的创始人

根据蒂蒙斯的创业要素模型,创始人是创业活动和创业成功的基础。关于创始人的相关研究经历了从个体观到认知观的转变。从关注创始人的人格特质、心理特征到关注创始人的知识结构与信念系统,对创始人的研究经历了从单一特质到多重特质的转变,从研究横向特质组合到纵向特质组合的转变。但是,目前学术界对创始人与企业绩效之间关系的研究没有得出一致的结论。因此,本研究希望通过对以往相关的实证研究论文进行重新整合梳理,利用 Meta 分析方法深入剖析创始人特质与企业创新绩效更全面的影响机制。

在家族企业早期阶段,创始人作为企业的创造者,可以说是与企业完全融合,创始人会充分利用个人的社会资本等相关资源为家族企业服务。同时由于创始人在企业内部的特殊地位与管理权威,创始人的特征对企业的高风险的行为选择有至关重要的影响,这种影响随着企业发展的壮大可能呈现逐渐增加而后减少的过程。企业投资、开发和生产产品、技术或服务等创新活动对于企业保持竞争力与长期生存至关重要。企业创新行为不仅关系到企业层面,也关系到社会经济,其能创造新的知识和就业机会,促进整个社会的繁荣。因此,研究家族企业创始人对创新活动的影响非常必要。

通过对以往家族企业创始人与创新绩效的实证研究的梳理,一些研究认为,由创始人控制或管理的公司比其他非创始人管理的公司在研发方面投入更多。另外一些研究则认为,家族企业创始人的控制或管理会抑制企业的研发创新行为。

由此可见,当前学术界对家族企业创始人与企业创新绩效的相关性研究并未得出定论。研究结论的差异可能有以下三个原因:第一,不同研究对自变量和因变量的研究角度和测量方式有所不同;第二,不同研究的数据来源和收集方式不同;第三,不同研究的取样地区和样本分布存在差异。因此,面对多样化的实证研究结果,我们有必要对家族企业创始人与创新绩效的关系进行进一步的归纳和探讨。

创始人对创新的影响

家族企业创始人与企业创新绩效

基于代理理论,第一类代理问题指的是股东与管理者之间存在代理冲突。由于管理者的短期倾向和风险规避偏好,上市公司被认为在研发上的投资普遍不足。然而,家族企业被认为具有较低的代理冲突是因为家庭成员认为家族企业一方面是一系列的收入或投资收益的来源;另一方面,从长期治理的角度出发,家庭成员存在把家族企业的业务传承给他们的继承人和后代的规划。家族企业在委托代理关系上的问题较少,对相关控制和协调手段的依赖也较少。这些特征可能使他们成为比非家族企业更高效的创新者[①]。

家族从企业取得的满足自身情感需要的非财务收益被统称为社会情感财富。Miller提出一项战略决策是否被执行取决于决策者认为社会情感财富是会增长还是会受到威胁。当家族侧重于追求对企业的控制时,会倾向于将研发投入维持在较低水平;当家族追求财富跨代传承时,会倾向于提高研发投入,通过技术领先获取长期竞争优势。基于此,本研究提出如下假设:

H1:家族企业创始人与企业创新绩效呈显著正相关关系。

家族企业创始人担任CEO与企业创新绩效

企业高层管理团队需要负责组织管理,制定和执行企业战略,参与重大决策。高管团队是对企业发展具有重要影响的内部因素之一,也是企业研发创新决策的执行主体。因此,创始人是否加入高管团队对于其在创新决策上是否拥有一定的话语权产生了重要影响。

CEO是企业高管精英团体的核心,对企业运营以及决策制定的重要性不言而喻。学者研究发现,创始人CEO比职业经理人CEO更善于创新。原因在于创始人CEO有更强的追求长期增长的动机,更愿意承担技术创新程度更高的风险项目,而职业CEO则更倾向于规避风险,更易表现出保守行为。与职业经理人CEO相比,创始人CEO更能够处理将风险想法付诸行动所带来的不确定性。

因为创始人通常拥有先进的技术知识,对企业的日常事务、流程与系统、员工和顾客等利益相关者有着深刻的了解,隐性知识水平较

[①] Kraus, S., Pohjola M., Koponen A.. Innovation in Family Firms: An Empirical Analysis Linking Organizational and Managerial Innovation to Corporate Success. Review of Managerial Science, 2012, 6(3): 265-286.

高,与继承人 CEO 相比,创始人参与公司管理的意识更为积极,并且管理效果会更强。而创始人后代却并非如此。虽然创始人在家族企业的建立、成长和上市过程中已经承担了巨大的风险,但在代际传承时,所有权往往会分散在家族不同成员之间,因此家族企业后代风险厌恶情绪预计会更强。

基于此,本研究提出如下假设:

H2:家族企业创始人加入高管团队与企业创新绩效呈显著正相关关系。

H3:家族企业创始人担任 CEO 与企业创新绩效呈显著正相关关系。

家族企业创始人控制权与企业创新绩效

在家族企业创始人参与企业管理的初期,企业内部所有权和经营权高度融合,创始人更多地以管家的角色运营企业,基于管家理论的逻辑,家族企业的决策更应该具有长期导向。相比于非家族企业,家族企业管理者在短期业绩方面预期不会面临过高的压力。因为研发投资的收益只在长期可见,且能给公司带来价值的长期增值,对于公司组织能力的培育也具有重要意义[①]。但基于社会情感财富的视角,创始人出于家族传承和保护社会情感财富的目标,更易倾向于用较少的资金投入创新研发来规避风险。而在家族企业进入传承阶段或者传承后阶段,家族企业创始人对企业管理的涉入逐渐下降,二代管理者的管理权威和社会资本逐渐提升,从资源依赖的角度也支持

---

① 李婧,贺小刚.创始人身份与组织能力的培育:来自创业家族企业的数据.苏州大学学报(哲学社会科学版),2017,38(04):109-121.

家族企业的创新活动会得到有效的促进。基于此,本研究提出如下假设:

H4:家族企业创始人控制权与企业创新绩效呈显著正相关关系。

家族企业创始人特质与企业创新绩效

从高阶理论的角度出发,管理者在决策时,会受到自身知识结构、经验背景、心理偏好和价值观的影响。Hambrick & Mason 指出,企业是管理者的缩影,在应对企业内外部环境的变化时,决策者的个人特征因素会影响企业战略决策和经营绩效,这些特征包括教育背景、职业背景、社会经济背景、年龄、任期等。

创始人在公司成立期间暴露于不确定的环境中,他们往往具有一种创业心态,体现在雄心壮志、创新精神和巨大的风险承担能力上。创始人有强烈的内在动机、激情和力量,以及强大的社会联系和公司特有的专业知识[1]。创始人的受教育水平越高,拥有的专业技术职称越多,社会声望的积累越高,社会影响力越大,就越有利于推动组织创新能力的提升。Marvel & Lumpkin 利用 145 名技术企业家的样本发现,企业家的人力资本,如教育背景和先进的技术知识,对创新的激进性有正向影响。基于此,本研究提出如下假设:

H5:家族企业创始人特质与企业创新绩效呈显著正相关关系。

可能的调节效应

基于对相关文献的整理和回顾,本研究认为对家族企业创始人

---

[1] Gao, N. & B. A. Jain, Founder CEO Management and the Long-run Investment Performance of IPO Firms. Journal of Banking & Finance, 2011.

与企业创新绩效关系可能起调节作用的测量因素主要有测量方式和数据来源这两个方面,情境变量则为取样地区。

对家族企业创始人对创新绩效影响的研究中,不同的测量方式可能会导致两者关系的不同。例如,创新投入的测量可以采用研发支出占总销售收入的比例或者研发支出占总资产规模的比例,也可以采用研发人员的占比;而关于创新产出的衡量方法也有很多,有的采用各种不同的专利数量,有的采用专利引用的数量或不同类型专利的比例结构,还有从市场的角度用新产品或服务的销售规模来测量企业的创新水平。还有的研究采用创新投入与产出比来反映企业的创新效率,创新投入效率、产出与效率都可能作为创新绩效的代理变量,进而导致创始人与企业创新绩效的关系表现为不一致性。由于家族企业创始人的创新意愿可以反映企业对创新的重视,即首先反映到提高研发投入和增大研发人员的比例等创新投入的行为上,而专利、新产品等创新产出需要一定的转化时间,具有滞后性。因此,本研究提出以下假设:

H6:测量方式对家族企业创始人与企业创新绩效关系具有调节效应,且对创新投入影响的调节效应强于对创新产出的影响。

数据来源分为一手数据和二手数据,不同的数据源有不同的适用情况,对研究结果也会产生不同的影响,所以,本研究选择数据来源作为另一调节变量。一手数据,是指通过访谈、询问、问卷、测定等方式直接获得的数据,与研究问题往往紧密关联,具有较高的时效性和针对性。二手数据,是指已经收集好的他人调查过后的统计资料,来源有数据库、上市公司年报、证券交易所等,短时间内容易获取,但细节性、集中性以及可靠性往往较差。因此,本研究提出以下假设:

H7:数据来源对家族企业创始人对企业创新绩效关系具有调节

效应,且一手数据的调节效应强于二手数据。

由于各个国家在制度、经济发展水平及文化多样性等方面存在显著差异,基于不同国家样本数据的关于家族企业创始人如何影响创新绩效的研究结论并不一致。家族企业的相关研究最早起源于欧美发达国家,这些国家市场体系与制度建设相对较为完善,企业现代化管理的水平也较高,拥有较高的技术水平和开放活跃的科创氛围,积累了大量的创新经验。相对而言,中国等发展中国家经济水平和技术水平较为落后,制度建设也相对落后,且尚未建立完善的市场体系,可能会影响家族企业创始人在风险较大的项目上的决策,相对于研发创新这种高风险的行为,更愿意选择较为保守的战略,从而制约企业创新发展的进程。因此,本研究提出以下假设:

H8:取样地区对家族企业创始人对企业创新绩效关系具有调节效应,且中国(数据不含港澳台地区)的调节效应强于发达国家和地区的数据。

数据收集与处理

文献检索与筛选

为了完善文献及数据来源,确保此次元分析结果的准确性和可靠性,本研究采取以下几个步骤进行文献收集:(1) 选择 CNKI 数据库、维普数据库、万方数据库作为数据源,以"家族企业创始人""创新"为题名、关键词检索公开发表的中文文献;(2) 选择 ABI、EBSCO、Web of Science 作为数据源,以"founder/originator/initiator""innovation/innovate/innovative/R & D/patent"为题名、摘要、关键词检索公开发表的英文文献。通过以上检索过程,得到初始文献共计235篇。

本研究对搜集来的文献按以下标准进行筛选:(1)原始文献应包含家族企业创始人,且必须是与创新绩效相关的实证研究;(2)文献必须采用定量的研究方法研究市场导向与创新绩效之间的相关关系,严格排除非定量类文献;(3)文献中必须报告了家族企业创始人和创新绩效之间的相关系数,或是其他可转换为相关系数的数据指标,如T值、F值等;(4)文献中必须提供明确的样本数量及变量信度;(5)各研究之间的样本必须是独立的,对于采用同一样本或存在样本交叉的情况,选取其中样本量更大、更具体的研究。通过筛选步骤,我们最终获得了27篇可供分析的文献,其中中文文献4篇、英文文献23篇。

文献编码

借鉴Ozer[1]研究中的方法进行本研究的数据编码。编码内容分为研究特征和效应值两大部分,其中,研究特征包括研究名称、作者、出版年份、样本量以及与本研究中变量相关的变量定义、测量方式等编码条目等;效应值为相关系数或其他可转换为效应值的指标(F值、T值、X^2值等)、变量的信度系数等。

同时,对变量测量、数据来源和取样地区三个调节变量进行编码:若样本企业的创新绩效测量方式为创新投入,则编码为1,若为创新产出,则编码为0;若样本搜集和变量测量采用问卷量表方式,则编码为1,反之编码为0。若样本来源于中国,则编码为1,若来源

---

[1] Ozer, E. J., Best S. R., Lipsey T. L., et al. Predictors of Posttraumatic Stress Disorder and Symptoms in Adults: A Meta-Analysis. Psychological Bulletin, 2003, 129(1): 52.

于其他地区则编码为 0。

数据处理与分析

本研究采用 Stata 15 进行元分析,采用相关系数 R 转化成的 Z 系数作为效应值。在编码过程中,一些文献没有直接报告家族企业创始人与企业创新绩效之间的相关系数,而是报告了 F 值、T 值或 X^2 值,我们采用王洁等(2013)的相关公式将其转化成 R 值,具体转化公式为:$R=[T^2/(T^2+Df)]^{1/2}$,$Df=N_1+N_2-2$;$R=[F/(F+Df)]^{1/2}$,$Df=N_1+N_2-2$;$R=[X^2(X^2+N)]^{1/2}$。然后采用 Fisher's Z 转换的方法将相关系数转化为 Z 系数。[转换公式为 $Z=0.5 \times Ln(1+R)/(1-R)$]。

Meta 分析结果与讨论

发表偏倚分析

为了避免出版偏倚,需在元分析之前进行出版偏倚检测。本研究首先通过 Stata 软件生成了漏斗图。如图 41 所示,横坐标是经过转化后的 Fisher's Z 值,纵坐标是 Fisher's Z 值的标准差,该图反映了家族企业创始人与创新绩效相关关系的效应值分布情况。从图中可以看出,本研究中的散点较为集中地分布在中上端,且均匀地分布于中线两侧,说明不存在明显的出版偏倚。

此外,本研究采取 Egger's Test(又称线性回归法)和 Begg's Test(又称秩相关检验法)进行发表偏倚检验,在一定程度上弥补了主观观察漏斗图对称与否而产生的判别偏差,家族企业创始人与企

图 41　发表偏倚漏斗图

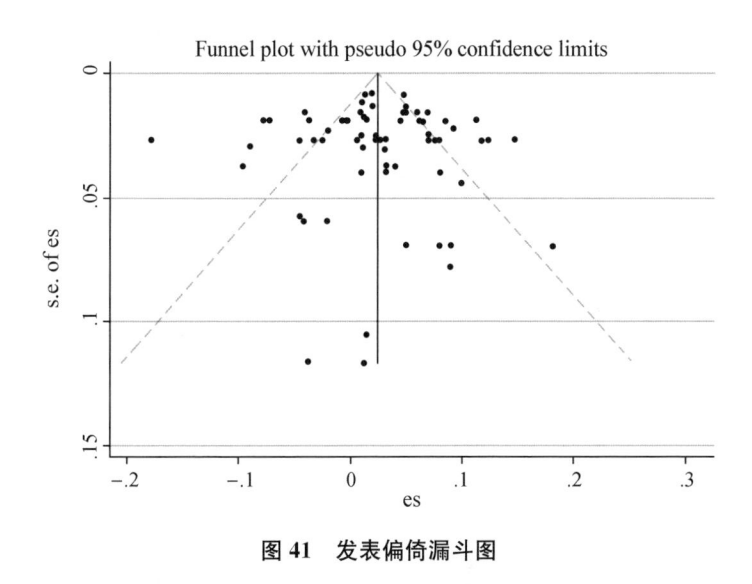

业创新绩效相关关系元分析的 Egger's Test 的 P 值为 0.999，大于 0.05，通过了 Egger's Test 的检验；Begg's Test 的 P 值为 0.727，大于 0.05，也通过了检验，说明存在发表偏倚的可能性较小，结论具有一定的可靠性。

异质性检验

关于家族企业创始人与创新绩效相关的研究，只有同质的数据才可以合并分析。以异质性检验 Q 统计量为基础，服从自由度 K－1（K 为效应值数量）的卡方分布，Q 值和 I^2 是判断异质性水平的重要指标。当 Q 值大于 K－1 且 I^2 高于 0.50 时，达到显著性水平，使用随机效应模型，反之则选择固定效应模型。本研究的由异质性检验结果可知（见表 21），效应值均符合异质分布，各研究样本之间存在较高异质性。故本研究就采用随机效应模型。

表 21 异质性检验表

关系	K	N	Q值	Df(Q)	P值	I^2	Tau^2	方差	Tau^2 SE
家族企业创始人	67	166 713	358.690	66	0.000	0.816	0.002	0.000	0.006
家族企业创始人加入高管团队	21	71 008	46.880	20	0.000	0.573	0.000	0.000	0.007
家族企业创始人担任CEO	17	65 167	43.470	16	0.000	0.632	0.001	0.000	0.008
家族企业创始人控制权	28	56 394	133.390	25	0.000	0.813	0.002	0.000	0.010
家族企业创始人特质	18	39 311	142.640	19	0.000	0.867	0.003	0.000	0.014

主效应检验

表 22 汇报了家族企业创始人及其各维度特征对企业创新绩效的主效应检验结果。由表 20 可知,整体效应上,家族企业创始人与企业创新绩效之间呈正相关关系(ES=0.024),95%CI 上限为 0.011,95%CI 上限为 0.036,置信区间不包含 0 且 P<0.01,表面两变量相关系数能在一定程度上验证家族企业创始人与企业创新绩效的关系,假设 H1 得到证实。分效应上,家族企业创始人进入高管团队与企业创新绩效之间呈显著正相关关系(ES=0.043;CI 不包含 0;P<0.01),假设 H2 得到证实;家族企业创始人担任 CEO 与企业创新绩效之间呈显著正相关关系(ES=0.042;CI 不包含 0;P<0.01),假设 H3 得到证实;家族企业创始人控制权与企业创新绩效之间呈不显著正相关关系(ES=0.006;CI 包含 0;P=0.545>0.05),假设 H4 没有得到证实;家族企业创始人特质与企业创新绩效之间呈显著正相关关系(ES=0.031;CI 不包含 0;P=0.029<0.05),假设 H5 得到证实。

表 22　家族企业创始人与企业创新绩效的主效应

关系	模型	K	N	效应值	95%CI 下限	95%CI 上限	Z 值	P 值
家族企业创始人 — 企业创新绩效	随机	67	166 713	0.024	0.011	0.036	3.762	0.000
家族企业创始人加入高管团队 — 企业创新绩效	随机	21	71 008	0.043	0.028	0.057	5.869	0.000

(续表)

关系	模型	K	N	效应值	95%CI 下限	95%CI 上限	Z 值	P 值
家族企业创始人担任CEO	随机	17	65 167	0.042	0.026	0.058	5.100	0.000
家族企业创始人控制权	随机	28	56 394	0.006	0.013	0.025	0.061	0.545
家族企业创始人特质	随机	18	39 311	0.031	0.003	0.059	2.180	0.029

调节效应检验

本研究分别检验了整体效应的 Meta 分析结果,表明各独立研究之间存在异质性,也就是家族企业创始人与企业创新绩效的关系受到某些潜在调节效应的影响。为了验证这一影响,本研究以测量方式、数据来源和取样地区为调节变量,采用 0－1 变量的形式对文献进行归类编码,进行 Meta 二元分析(亚组分析),假设 H6、H7、H8 的 Q 值、R 值、P 值均显示各效应值是异质性的。因此,本研究仍采用随机效应模型进行分析。

从表 23 可以看出,3 个调节变量均对家族企业创始人对企业创新绩效的关系存在显著的调节作用(P<0.05)。具体而言:测量方式下,使用创新投入作为衡量创新绩效的测量方式的效应值(ES＝0.029,P＝0.01<0.05)高于使用创新产出来衡量创新绩效(ES＝0.019,P＝0.038<0.05),即采用创新投入作为创新绩效的测量方式时,家族企业创始人对企业创新绩效的影响强于采用创新产出,假

设 H6 得到了检验;数据来源下,采用一手数据的效应值(ES＝0.047,P＝0.031＜0.05)高于采用二手数据的效应值(ES＝0.022,P＝0.001),即采用一手数据作为数据来源时家族企业创始人对企业创新绩效的影响强于采用二手数据,假设 H7 得到了检验;取样地区下,采用发达国家数据的效应值(ES＝0.025,P＜0.001)高于采用中国(不含港澳台地区)数据的效应值(ES＝0.023,P＝0.021＜0.05),即采用发达国家数据时家族企业创始人对企业创新绩效的影响强于采用中国(不含港澳台地区)数据,假设 H8 得到了检验。

表 23 家族企业创始人与企业创新绩效的调节效应

潜在调节变量		效应值数	效应值	95%CI 上限	95%CI 下限	异质性检验 Q组间	异质性检验 Df(Q)	异质性检验 P值
测量方式	创新投入	35	0.029	0.021	0.046	136.900	1	0.000
	创新产出	32	0.019	0.001	0.037	221.460	1	0.000
数据来源	一手数据	6	0.047	0.004	0.090	41.220	1	0.000
	二手数据	61	0.022	0.009	0.035	351.640	1	0.000
取样地区	中国(不含港澳台地区)	36	0.023	0.004	0.043	282.770	1	0.000
	发达国家或地区	28	0.025	0.010	0.039	72.860	1	0.000

讨论与分析

本研究通过对家族企业创始人与企业创新绩效的 27 篇文献的 67 个效应值进行文献整理再分析,探讨了家族企业创始人及其各维度对创新绩效的影响机制,并进一步探讨了测量方式、数据来源和取样地区 3 个因素对于家族企业创始人与企业创新绩效之间关系的调节效应。通过 Meta 分析得出以下结论。

家族企业创始人与企业创新绩效呈正相关关系。创始人加入高管团队、创始人担任 CEO、创始人控制权、创始人特质都与企业创新绩效呈正相关关系，说明家族企业创始人对企业创新能力的提高起到较为重要的推动作用。家族企业创始人可以通过进入高管团队并担任重要职务的方式正向影响企业创新进程的推进，发挥自身经验，应用专业技能，承担风险决策者的角色，激发企业创新创业的潜能，带领家族企业以一种更加长远的战略视角进行开拓创新。家族企业创始人对企业控制权与创新绩效呈不显著的正相关关系，意味着由于考虑到研发投入所需的外部资金会削弱家庭所有者的控制权，作为股东的创始人有可能会将 R&D 的投资视为潜在损失，也有可能将 R&D 投资视为潜在收益。家族企业创始人特质与创新绩效呈显著正相关关系，这说明家族企业创始人将创业环境的元素和他们自己的心智模型传递给公司，创始人的教育背景、公众身份、创业精神等个人特质体现在其心态、动机、价值观、目标和态度等方面，并投射到企业的战略决策与日常经营中，从而影响企业创新绩效。

创新绩效的变量选择会对家族企业创始人与创新绩效的关系具有一定的调节作用。采用研发投入占比、研发人员占比等创新投入指标比采用专利、新产品等创新产出指标，使得家族企业创始人对创新绩效的影响更为显著。研发投入转化为专利申请、新产品都需要一定的时间，并且转化过程也具有一定的不确定性，因此企业的创新决策往往在创新投入上的反映更加直接。

数据来源对家族企业创始人与创新绩效的关系也存在显著的调节作用。使用一手数据时，家族企业创始人对创新绩效的促进作用比使用二手数据时强。通过问卷收集到的一手数据可能存在自我认知偏差,导致被测试人主观认为企业创新的水平或进程较高,从而使实验结果的效应值比二手数据更强。

相比于样本选择在中国(不包含港澳台地区),发达国家和地区的样本研究中家族企业创始人对创新绩效的影响更加显著,说明发达国家和地区的家族企业在创新意识和创新成果转换等方面优于中国内地企业。这可能是由于中国的市场环境、制度建设、经济发展水平等方面与发达国家和地区存在差异,发达国家和地区整体的创新进程也领先于中国,而家族企业创始人的创新行为会受到宏观环境的影响。

在文献收集和筛选的过程中,可能存在对实证文献的选择偏差。本研究剔除了一些无法获取效应值的实证文献,因此损失了部分样本,这在一定程度上会导致元分析的实验样本不够全面,影响研究结论的普适性。虽然亚组分析显示组间异质性显著,但是各个分组内部的异质性依然存在,这表明仍有一部分变异未能得到解释。本研究只涉及了整体效应和调节效应,对家族企业创始人与企业创新绩效关系中可能存在的中介效应未做讨论;只考虑了家族企业创始人与企业创新绩效间的线性关系,未来研究可以考虑在研究中纳入中介变量。最后,家族企业创始人的类型多种多样,不同类型或特质的创始人对企业创新绩效的影响效果可能会有不同,本研究将创始人特质视为一个整体概念进行检验,可能会掩盖一些重要结论。

重要文献

[1] Barroso-Castro, C., Castaeda, Serrano. Listed SMEs and Innovation: The Role of Founding Board Members. International

Entrepreneurship & Management Journal, 2020: 1-34.

[2] Block, J., Miller D., Spiegel F.. Economic and Technological Importance of Innovations in Large Family and Founder Firms: An Analysis of Patent Data. Family Business Review, 2013. 26(2): 180-199.

[3] Gomez-Mejia L R, Campbell J T, Martin G, et al. Socioemotional Wealth as a Mixed Gamble: Revisiting Family Firm R & D Investments with the Behavioral Agency Model. Entrepreneurship Theory and Practice, 2014.

[4] Matthew, R, Marvel, T. G, Lumpkin. Technology Entrepreneurs' Human Capital and Its Effects on Innovation Radicalness. Entrepreneurship Theory & Practice, 2007.

[5] Miller, D., Breton-Miller I. L., Lester R. H.. Family and Lone Founder Ownership and Strategic Behaviour: Social Context, Identity, and Institutional Logics. Journal of Management Studies, 2011. 48(1): 1-25.

第十二篇　家族企业的家族涉入与国际化

家族企业的国际化

伴随着经济全球化的不断推进,家族企业的身影也逐渐出现在国际化经营活动中,他们试图通过在国际范围内配置资源,以谋求新的增长。根据《经济学人》(2015)预测,到2025年,由家族拥有或控制的大型跨国企业的份额将从约15%增加到40%。由此可见,国际化是家族企业未来发展的重要方向。而家族涉入作为家族企业的重要特点之一,反映了家族干预企业决策、控制企业的程度,对家族企业国际化起着重要的影响。因此,研究两者的关系不可或缺。

目前有关家族涉入与企业国际化的研究结论尚未得到统一。部分研究认为,家族涉入会显著地抑制企业国际化倾向和水平;而另一些研究表明,家族涉入能够提高企业国际化程度;还有一些研究表明,家族涉入与企业国际化并不是简单的线性关系。此外,部分学者发现家族涉入与家族企业国际化的关系会受到其他因素的调节作用。以上研究结果表明,不同的研究视角和研究方式导致家族涉入与企业国际化的研究结论存在较大的差异。为了进一步探索家族涉入对家族企业国际化究竟产生何种影响,本篇采用 Meta 分析方法,综合国内外学者的实证研究结果,对家族涉入与家族企业国际化之间相关关系的方向和强度做出更加准确的评估。

家族涉入代表了家族干预企业决策、控制企业的能力。将企业视为"家族涉入"的连续分布变量,能够更加精准地反映家族因素如何影响企业行为及其变化特征[①]。有关家族涉入的测量,常见的指标包括:家族所有权涉入、家族管理权涉入、家族经营权涉入以及家族控制时间涉入等。参照上述学者的研究,本研究将家族涉入分为所有权涉入(Ownership,OS)、决策权涉入(Decision Right,DR)以及经营权涉入(Managerial Authority,MA)三种形式。其中,所有权涉入表示家族持有企业股份的比例;决策权涉入表示家族参与董事会的程度,包括家族成员在董事会成员中的比例、家族成员是否担任董事会主席以及家族成员是否同时担任董事会主席和CEO职位;经营权涉入表示家族参与高层管理团队的程度,包括家族成员在高层管理团队(TMT)中的比例、家族成员是否担任CEO职位以及多世代成员是否参与TMT。

伴随着企业产品生命周期的演进,企业会逐渐增加国际市场的发展程度[②]。Hitt等则认为,国际化是企业地域市场多元化的结果,企业国际化是跨越国界进入不同市场或区域的扩张行为。本研究将"国际化"定义为:国际销售或活动,无论其实际模式是出口、对外直接投资或其他形式。在样本研究文献中,我们发现国内外学者更青睐使用国际化倾向指标。为保证研究的科学性和完整性,我们采用

---

① 李路路,朱斌.家族涉入、企业规模与民营企业的绩效.社会学研究,2014,29(02):1-21,242.

② 杨忠,张骁.企业国际化程度与绩效关系研究.经济研究,2009,44(02):32-42,67.

国际化倾向（International Propensity，IP）、国际化强度（International Intensity，II）以及国际化广度（International Scope，IS）这三个指标来衡量企业国际化水平。其中，国际化倾向表示企业有无出口或对外直接投资，0－1虚拟变量；国际化强度表示企业国际化规模，包括出口额占企业总销售额的比例、国外销售额占企业总销售额的比例、对外直接投资额占企业总资产的比例；国际化广度表示企业国际化的范围，包括企业出口的国家或区域的数量、熵指数。

家族涉入对国际化的影响

所有权涉入与家族企业国际化

有关家族所有权与企业国际化的研究，学者们主要从机会与风险认知视角进行解释。过去大量研究表明，国际化是企业在成长过程中所面临的一项复杂战略，其为企业带来巨大机会的同时也潜藏着风险。而股东们对国际化的风险偏好却取决于他们的所有权股份。当家族持股比例较低时，家族所有者并不会过分担心国际化的失败，相反会将国际化视为平衡企业经营风险，甚至帮助企业走出困境的良方。然而，当家族持股比例上升、拥有企业大量股份时，家族的财富会逐渐与企业联系在一起，此时，企业承担的风险就是家族承担的风险。因此，家族所有者会倾向于规避风险，担心失败的战略行动可能会导致他们失去经济财富和社会情感财富。Robert对190家美国家族企业进行10年的研究调查发现，家族所有权的参与降低了企业初始国际化的可能性；Ray在新兴市场探索家族所有权的涉入与企业国际化的关系，以303家印度企业为样本，实证发现家族所有权与企业国际化强度呈负相关关系。

还有部分学者认为,家族所有权是家族所有者使企业按照家族意愿运行的基础。当家族拥有企业大量股权时,家族能够将业务传承给下一代,渴望家族企业基业长青的愿望会鼓舞所有者追求长期增长的战略。例如,Chris将65家世界顶级家族企业与非家族企业配对比较,发现家族所有权在30%至50%内增加,企业国际化参与程度显著提升[1]。

基于过去大多数的研究,我们对家族所有权涉入和家族企业国际化之间的一般关系做出以下假设:

H1A:家族所有权对企业国际化倾向有负向的影响作用。

H1B:家族所有权对企业国际化强度有负向的影响作用。

决策权涉入与家族企业国际化

关于决策权涉入与家族企业国际化的关系,学者们主要基于资源基础观的理论来阐释分析。企业国际化的实施需要大量的有形资源和无形资源,其中无形资源对企业活动的影响更是在知识时代背景下不可忽视。而董事会是促进市场资源、市场信息流入家族企业的关键机构。当家族成员在董事会中参与较低时,会鼓励外部战略信息在企业内的流动,并促进家族企业对国际成长机会的探索。相反,家族成员在董事会中参与较高时,会限制外部人力资本和社会资本进入企业,从而限制了董事会社会资本,而社会资本和人力资本可能是促进企业国际活动所必需的。

---

[1] Chris Carr, Suzanne Bateman. International Strategy Configurations of the World's Top Family Firms: Another Factor Affecting Performance. Management International Review, 2009, 49(6): 733-758.

当然，也有部分学者提出家族积极涉入决策权，有利于减少所有权和控制权之间的信息不对称，从而降低代理成本，协调家族管理者与家族所有者的一致性。当家族所有者-管理者拥有共同的愿景、目标时，他们倾向于利用利他主义来获得长期增长战略的支持，如国际扩张。换句话说，家庭成员愿意为了公司的长期生存而忍受短期的剥夺。例如，Zahra 以美国 409 家制造业企业为研究对象，实证发现家族成员在董事会中的比例与企业国际化强度呈正相关关系，当家族成员同时担任董事会主席及 CEO 职位时，企业国外销售强度以及出口范围均明显增加[①]。

基于过去大多数的研究，我们对家族决策权涉入和家族企业国际化之间的一般关系做出以下假设：

H2A：家族决策权涉入对企业国际化倾向有负向的影响作用。

H2B：家族决策权涉入对企业国际化强度有负向的影响作用。

经营权涉入与家族企业国际化

一些学者基于社会情感财富理论视角，认为家族经营权涉入程度的提高降低了家族企业国际化的倾向或程度。社会情感财富理论强调的是家族成员凭借其在企业中的有利地位获得非财务性需求的满足，主要包括家族归属感、家族的传承延续等。国际化意味着新的环境、新的市场，需要吸引非家族成员加入企业，从而为企业提供国际市场的知识、不同文化背景下的经营经验。这与家族成员渴望保护社会情感财富、保持对家族企业的控制相悖，家族领导人常常会阻碍家族企业

[①] Shaker A Z. International Expansion of U. S. Manufacturing Family Businesses: The Effect of Ownership and Involvement. Journal of Business Venturing, 2003, 18(4): 495-512.

国际化。例如,Sanchez-Famoso & Valeriano 以 263 家西班牙酿酒厂和橄榄油家族企业为研究样本,实证家族在高层管理团队中的比例与企业国际化呈负相关关系。

同样的,部分学者提出经营权涉入与家族企业国际化呈正相关。例如,Watkins-Fassler & Karen 提出家族成员担任 CEO 职位比非家族成员担任 CEO 拥有更大的内部信息优势,这种优势可以用于提供新的见解和创新的知识,从而使家族成员 CEO 在领导家族企业走向国际化时具有优势。Dou 对标准普尔 500 指数中 112 家美国家族企业进行 5 年跟踪调查后,发现家族多世代成员参与企业高层管理团队,有助于企业国际化。

基于过去大多数的研究,我们对家族经营权涉入和家族企业国际化之间的一般关系做出以下假设:

H3A:家族经营权涉入对企业国际化倾向有负向的影响作用。

H3B:家族经营权涉入对企业国际化强度有负向的影响作用。

H3C:家族经营权涉入对企业国际化广度有负向的影响作用。

情境因素的调节作用

有学者研究发现,家族涉入与家族企业国际化的关系还受到一些情境因素的调节。例如,Bauweraerts 等在 248 家比利时中小家族企业研究中发现,董事会服务水平缓解了家族 CEO 的存在与出口范围之间的负相关关系。Zhou 等对中国 8 个省市 274 家家族企业调查分析,实证发现制度环境可以强化家族管理对国际化深度和广度的正向影响[1]。

---

[1] Zhou L X, Han Y, Gou C L. Influence of Family Involvement on Family Firm Internationalization: The Moderating Effects of Industrial and Institutional Environments, 2019, 11(20).

但是徐炜等在中国情境下研究发现,国有股权参股能够有效地抑制家族涉入与企业国际化之间的负向关系[1]。关于调节机制的验证有必要开展进一步的分析。

数据收集与处理

在回顾了有关家族涉入与家族企业国际化的研究现状之后,本节将基于上述研究假设,进行文献检索、文献筛选以及数据处理,为之后的 Meta 分析提供必要的数据。

文献检索与筛选

参考 Andy 的研究,我们首先确定检索的关键词如下:(1) 家族企业:中文表述方式也包括家族控制和家族拥有,英文表述方式包括 family firm/family business/family enterprise/familysme/family controlled/family owned;(2) 家族涉入:中文表述方式也包括家族参与、家族嵌入、家族所有权或家族决策权、家族经营权或家族董事会,英文表述方式包括 family involvement/family engagement/family ownership/family control right/family stock right/family decision right/family board of direct;(3) 国际化:中文表达方式也包括全球化或跨国化,英文表述方式包括 internationalization/globalization/transnationalization/multinationalization。

其次,使用电子数据库进行文献检索。本研究使用了 Web of

---

[1] 徐炜,马树元,王赐之.家族涉入、国有股权与中国家族企业国际化.经济管理,2020,42(10):102-119.

Science、EBSCO、ABI/INFORM 以及 CNKI 四个数据库，分别搜索到 193 篇、89 篇、96 篇以及 34 篇学术期刊文献。最后，人工复查有关家族企业、国际化等研究的主要期刊以及已得文献的引文，查看是否有所遗漏。

通过对数据库的检索得到家族企业相关文献数量：Web of Science 35 663 篇，EBSCO 79 400 篇，ABI/INFORM 273 886 篇，CNKI 21 336 篇，合计：n=410 285

符合全部关键词的文献数据：Web of Science 193 篇，EBSCO 89 篇，ABI/INFORM 96 篇，CNKI 34 篇，合计：n=412

（通过标题）排除重复文献：n=139

删除重复文献得到的文献数量：n=273

（通过阅读摘要）排除案例研究、定性研究、研究综述以及选题不符文献：n=220

阅读摘要后符合条件的文献数量：n=53

（通过阅读原文）排除研究对象包含非家族企业以及未报告必要数据的文献：n=34

最终纳入 Meta 分析的文献数量：n=19

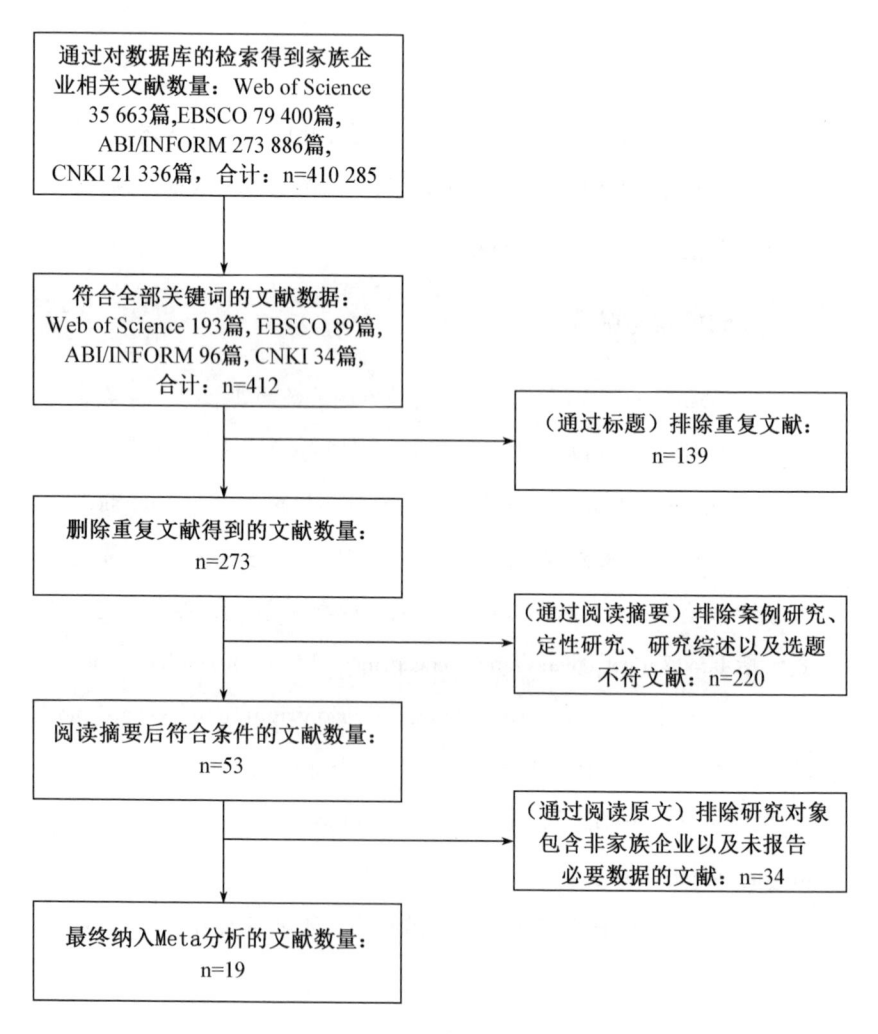

图 42　文献筛选流程图

根据上述已得到文献的标题、摘要内容对412篇文章进行初步筛选,确保纳入研究的文献与本研究的研究主题一致。筛选过程,排除18篇案例研究、13篇定性研究、10篇研究综述、179篇选题不符、32篇研究对象包含非家族企业的文献、2篇主题符合但无相关系数的文献以及139篇重复文献,最终获得19篇文献。对样本研究文献进行效应量与标准误的提取,得到42个效应量。

数据处理

Meta分析的原理就是将多个独立研究中的效应值合并成某一全体的单一效应值,因此其核心数据是效应值。参考Arregle的Meta分析研究,选取Pearson相关系数R作为效应值,从而对研究模型和相关假设进行检验。虽然样本中大多数研究都报告了Pearson相关系数R,但也有少部分文献未报告相关系数,我们对其他参数进行转换,下列是本研究中使用到的转换公式:

(1) 对于VIF值:$VIF = \frac{1}{1-R_j^2}$,且当只有两个变量时,$R_j = R$,可得:$R = \pm\sqrt{1 - \frac{1}{VIF}}$

(符号由具体情况而定)。

(2) 对于回归系数:

$R = B \times 0.98 + 0.05 (B \geqslant 0)$

$R = B \times 0.98 - 0.05 (B < 0)$,其中系数B的适用范围为$B \in (-0.5, 0.5)$之后我们需要使用费雪Z转换,其目的是为了使得R的分布更加贴合于正态分布,具体使用公式如下:$Z = 0.5 \times Ln(\frac{1+r}{1-r})$。此外,对于标准Standard Error,需要提取样本量N,根据

公式 $SE = \dfrac{1}{\sqrt{n-3}}$ 可得。

Meta 分析结果与讨论

在 Meta 分析前，首先需要明确 Meta 分析过程中使用的模型。常见的 Meta 分析模型有两类：固定效应模型与随机效应模型。其中，使用固定效应模型的前提假设是不同样本之间不存在明显差异，整体的误差大多来源于抽样误差；而随机效应模型则相反，其提前假设是整体误差大多由样本间的异质性造成。本研究均使用随机效应模型。

主效应分析

利用软件 STATA 15，分别采用随机效应模型与固定效应模型对家族涉入与家族企业国际化的数据进行处理，并计算 I^2 以衡量误差来源。具体结果如表 24 所示，共纳入 42 组数据，$I^2 = 89.0\%$ 远大于 75%，说明各样本间存在极大的异质性，因此应采用随机效应模型，即选用 D+L 法：效用值为 -0.039，95% 置信区间为 $(-0.067, -0.012)$。从整体上看，我们可以初步说明家族涉入与家族企业国际化存在负相关性。然而，$I^2 = 89.0\%$ 提醒我们还需要进一步挖掘异质性来源。

同时，对 Meta 分析的文章进行偏倚性分析。本研究选用前两种检验方法。通过 STATA 15.1 中 Metabias 6 命令得到偏倚性检验结果，Begg's Test 中 $P = 0.108 > 0.05$，Egger's Test 中 $P = 0.142 > 0.05$，两种测量方法均说明本次研究不存在明显的发表偏倚

(publication bias)。

表 24 主效应 Meta 分析结果

Study	ES	[95%]Conf. Interval		%Weight
D+L Pooled ES	−0.039	−0.067	−0.012	100.00
I+V Pooled ES	−0.068	−0.076	−0.060	100.00

HeterogeneityChi-Squared=373.50 (D. F. =41)P=0.000

I-Squared(Variation In ES Attributable To Heterogeneity)=89.0%

Estimate Of Between-Study Variance Tau-Squared=0.006 7

在初步探析了家族涉入与国际化的关系后，不同家族涉入形式以及不同国际化测量方式是否会导致上述关系结果有所差异，是本节接下来着重分析的内容。对家族涉入形式（所有权涉入、决策权涉入以及经营权涉入）、国际化测量方式（国际化倾向、国际化强度以及国际化广度）进行两两配对，分别进行 Meta 分析。参考过去学者们的 Meta 研究，只有在 2 个变量之间的效应值个数达到 3 个及以上才可纳入 Meta 分析[①]。

从表 25 中数据可知，家族所有权涉入与家族企业国际化倾向的相关系数为−0.043，且通过 0.05 的显著性检验，说明家族所有权涉入程度越高，家族企业国际化倾向越低，假设 1A 获得支持。然而家族所有权与家族企业国际化强度并未达到显著性水平，假设 1B 未获得支持。

由于家族决策权涉入与家族企业国际化倾向的相关系数不显著，

---

① Kira A H, Jayachandran S, Bearden W O. Market Orientation: A Meta-Analytic Review and Assessment of Antecedents and Impaction Performance. Journal of Marketing, 2005, 69(2): 24-41.

因此,假设 2A 未获得支持。但是家族企业国际化强度与家族决策权涉入相关系数为-0.119,也通过 0.01 的显著性检验。由此说明,家族决策权涉入程度越高,企业国际化强度越弱,假设 2B 获得支持。

此外,家族企业经营权涉入与家族企业国际化倾向、国际化强度以及国际化广度的相关系数均不显著,所以假设 3A、3B、3C 均未获得支持。由此说明,不同家族涉入形式对家族企业国际化可能产生不一致的结果。

表 25 不同家族涉入形式与国际化的 Meta 分析

变量	模型	效应值个数(K)	样本量(N)	效应值(ES)	95%置信区间下限	95%置信区间上限	同质性检验 Q值	同质性检验 I^2
IP-OS	随机模型	7	13 409	-0.043**	-0.083	-0.003	25.15	76.10%
IP-DR	随机模型	4	2 523	-0.088	-0.231	0.055	38.23	92.20%
IP-MA	随机模型	4	3 735	-0.068	-0.231	0.096	76.08	96.10%
II-OS	随机模型	10	11 816	-0.010	-0.096	0.077	170.30	94.70%
II-DR	固定模型	4	1 188	-0.119***	-0.176	-0.062	1.19	0.00%
II-MA	随机模型	6	9 969	0.041	-0.041	0.124	72.50	93.10%
IS-MA	随机模型	3	4 994	-0.017	-0.187	0.154	21.26	90.60%

注:** 和 *** 分别表示在 0.01 和 0.05 水平上统计显著(双尾检验)。

调节变量分析

在对整体数据进行亚组研究前,首先对调节变量进行 Meta 回

第十二篇　家族企业的家族涉入与国际化

归,结果如表 26 所示,共两个方面。将国际化的不同测量方式进行两两比较,结果显示不同的测量方式对结果并无明显影响(P>0.05);再将不同家族涉入形式进行配对比较,结果同样并未发现有明显的差异(P>0.05)。之后,本研究将具体分析各亚组数据。

表 26　Meta 回归结果

调节变量		N	B	Se	T
国际化定义	(倾向 0,强度 1)	34	−0.063	0.034	−1.88
	(倾向 0,广度 1)	21	−0.063	0.032	−1.98
	(强度 0,广度 1)	26	−0.012	0.032	−0.73
家族涉入形式	(所有权 0,决策权 1)	28	−0.021	0.025	−0.84
	(所有权 0,经营权 1)	32	−0.018	0.033	−0.56
	(决策权 0,经营权 1)	22	−0.083	0.051	−1.64

有关国际化的研究,现有的学者常常以国际化倾向、国际化强度以及国际化广度来衡量。因此,我们根据测量方式的不同来对主效应进行亚组分析。由表 27 显示的结果来看,无论使用何种测量方法,其 I^2 均大于 85%,组内存在明显异质性。其中,国际化强度以及国际化广度的 P 大于 0.05,无法说明家族涉入与家族企业国际化存在明显相关性。而国际化倾向的数据则表明家族涉入与家族企业国际化在 0.05 水平下呈显著负相关(P=0.011<0.05)。

表 27　国际测量方式亚组分析结果

Study	样本量	ES	[95%Conf. Interval]		Freedom	I^2	P
国际化倾向	20 033	−0.063	−0.111	−0.014	14	90.4%	0.011
国际化强度	23 339	−0.006	−0.057	0.045	19	92.4%	0.827

(续表)

Study	样本量	ES	[95%Conf. Interval]	Freedom	I^2	P
国际化广度	9 988	−0.014	−0.082 0.054	5	85.8%	0.691
混合	53 360	−0.030	−0.060 0.001	40	90.9%	0.055

为了进一步分析不同家族涉入形式是否对家族企业国际化产生不同的影响,我们又根据涉入形式(涉入所有权、决策权以及经营权)的不同对主效应进行亚组分析。结果如表28所示,我们可以发现家族涉入以决策权涉入为代理变量时,才能表明家族涉入与家族企业国际化呈显著负相关(P=0.025<0.05)。

表28　家族涉入形式亚组分析结果

Study	样本量	ES	[95%Conf. Interval]	Freedom	I^2	P
所有权	30 337	−0.023	−0.065 0.019	18	91.4%	0.281
决策权	3 959	−0.085	−0.160 −0.011	8	80.6%	0.025
经营权	19 064	−0.005	−0.064 0.054	12	93.2%	0.857
混合	53 360	−0.030	−0.060 0.001	40	90.9%	0.055

利用19篇文献的42个效应值,本研究首先对家族涉入与家族企业国际化之间的关系进行了Meta分析。结果表明,家族涉入整体上能够显著地抑制家族企业国际化,但影响效果轻微并且样本内部异质性极强(ES=−0.039,I^2=89.0%)。

其次,在将不同涉入形式与国际化进行配对分析时,我们发现家族所有权会对国际化倾向有抑制作用(ES=−0.043,I^2=76.1%),且家族决策权涉入会对企业国际化强度有负面影响(ES=−0.119,I^2=0.00%),说明目前的研究在此问题上具备共识。

最后,本章还对不同涉入形式、不同国际化测量方式的调节作用做了分析。结果发现,使用不同涉入形式或者不同国际化测量方式并不会导致结果出现显著区别。但只有使用家族决策权涉入作为涉入指标或者国际化倾向作为国际化指标的样本,才有可能说明家族涉入与家族企业国际化呈显著负相关。

局限性

虽然本研究在 Meta 分析的每一个步骤中都尽力做到规范、完整,但仍然存在许多局限性。(1)本研究对主效应的分析虽然有相对充足的样本,但在各维度的分析过程中,样本量还是不够,仍可能存在对实证研究文献的选择偏差;(2)有关行业层面的差异、企业特征层面的差异等很有可能在家族涉入影响企业国际化的过程中发挥重要作用,但由于大多数样本研究文献没有考虑这些因素,所以本研究也未能将这些变量纳入研究模型之中;(3)本研究的效应值只采用了 Pearson 相关系数,且部分效应值是由回归系数以及 VIF 转化而来,可能会导致最终结果有一定的偏差。

结合现有的文献,未来有关家族涉入与家族企业国际化研究可从以下几个方面展开:(1)更加深入地探索家族企业具有的一些独特资源(Patient Capital/Survivability Capital)在家族企业国际化进程中所起到的作用;(2)关于社会情感财富理论的使用,目前大多数研究停留在认知概念上,未来的研究可以更直接地观察家族所有者和管理者的心理过程,从而评估他们对国际化的倾向;(3)大多数研究将出口强度(即国际化强度)作为主要变量,而忽略了综合指标的研究,如熵指数,该指数考虑了"家族企业经营的地理区域的数量以及每个地理区域在家族企业总销售额中的相对重要性"。

重要文献

[1] Hitt, M A, Hoskisson, R E, Ki M, H.. International Diversification: Effects on Innovation and Firm Performance in Product-Diversified Firms. Academy of Management Journal, 1997, 40(4): 767-798.

[2] Bauweraerts J., Sciascia S., Naldi L., et al. Family CEO and Board Service: Turning the Tide for Export Scope in Family SMEs, 2019, 28(5).

[3] Dou J., Jacoby G., Li J., et al. Family Involvement and Family Firm Internationalization: The Moderating Effects of Board Experience and Geographical Distance. Journal of International Financial Markets, Institutions & Money, 2019, 59: 250-261.

[4] Watkins-Fassler K., RodrÍGuez-Ariza L.. International Entrepreneurship and Mexican Listed Family Firms' CEO/Board Characteristics. Estudios Gerenciales, 2019, 35: 361-369.

[5] Ray, Sougata, Mondal, et al. How does Family Involvement Affect a Firm's Internationalization? An Investigation of Indian Family Firms. Global Strategy Jouranl, 2018, 8: 73-105.

[6] Sanchez-Famoso V., Cano-Rubio M., Guadalupe Fuentes-Lombardo. The Role of Cooperation Agreements in The Internationalization of Spanish Winery and Olive Oil Family Firms. 2019,31(4): 555-577.

第十三篇　家族企业的投资者与风险承担

机构投资者的积极性

随着家族企业规模的持续壮大，创始家族也会面临越来越严重的资源匮乏问题。为了实现企业的可持续发展，对外寻求融资是必经之路。企业潜在投资人的类型多种多样，不同的投资人的投资目的和投资风格差异明显。当投资人进入企业后，话语权随着持股比例的增加而增加，甚至进入企业的决策团队，影响家族企业的行为选择。能够进入企业的外部投资者可能是个人，也可能是机构。一般来说，专业机构相对于个人投资者在专业知识、信息网络等方面拥有明显优势，所以专业机构投资者对企业决策的影响会成为研究关注的焦点。

投资者可以是个人，也可以是机构，机构投资者强调投资者的机构性。在成熟的资本市场中，机构投资者在所有投资者中占有很大的比例，是资本市场中重要的参与者。机构投资者的机构性强调机构投资者是组织化、专业化和制度化的产物，机构投资者是基于金融化背景下劳动的分化与职业的专门化而产生的，机构投资者必须是制度化组织，有专门的管理机构对其进行监督和约束。目前，学术界对机构投资者的界定不完全一致,主要原因是机构投资者的种类繁多,例如在资本市场发展相对完善的欧美国家,机构投资者主要指专门从事有价证券交易的共同基金、证券公司金融财团、福利和养老基金等;中国的机构投资者主要包括投资管理基金、具有证券自营业务资格的券商、保险公司、投资公司等。

在不同的判断标准下,不同类型的机构投资者的投资风格和投资倾向差异会很大。根据机构投资者的投资导向将其分为长期投资者与短期投资者,持股比例的高低和时间的长短会影响机构投资者对公司实施监督的程度,并能起到缓解股东与经理人之间利益冲突的效果。长期型的机构投资者追求的是长期价值创造和治理收益,他们进行投资决策时更看重企业未来面临的经济环境及创造收益流的能力,不会特别在意被投资对象的短期业绩收益或股价波动。

根据机构投资者对介入公司管理的态度将其分为消极投资者与积极投资者:消极的机构投资者建立证券投资组合进行被动投资,不介入公司治理与公司战略的制定,更关注企业的短期目标与近期表现,当企业盈利能力下降或发生其他可能引发股价下跌的事件时,该类机构投资者通常会选择"用脚投票",卖出所持的股票,转而寻求其他投资标的。积极的机构投资者通常会充分利用自己所持股票赋予的投票权参与公司治理和经营决策,寻求进入董事会以实现对公司的战略选择或长期规划拥有话语权。两者最主要的变化是从"被动投资、用脚投票"方式转为"积极投资、参与管理"方式的公司治理活动。

Shleifer & Vishny 最早提出了机构投资者的股东积极主义(Shareholder Activism)的观点,机构投资者为避免因信息不对称等因素带来的被动损失,将通过投票权来监督公司业绩以保护相应的切身收益①。机构投资者相对于个人投资者具有信息优势,有更多的专业技术和知识,在较为充分地掌握信息的基础上做出决策;同时,机构投资者通常拥有比个人投资者更高的投票权,使得他们有足够的能力监督投资对象的行为选择,这种监督会提高公司的管理效率和决策质量。

家族企业外部股东的界定

外部股东的分类

家族企业中的外部股东,主要指非家族控股股东外的其他股东,包括国有股东、机构投资者、自然人股东和其他民营参股企业。

国有股东的特殊性质以及其通常通过授权个人代理的方式参与公司治理,使其呈现多层代理关系,降低了其对企业进行监督的动机和意愿②,已有文献并未对国有股东在家族企业公司治理中的角色做过多研究。而自然人股东和其他民营参股企业持股较为分散,持股目的也多基于短期利益,在股权集中的家族企业中制衡能力较弱,因此多数学者关注整体持股比例较大的前十名股东对家族企业的影响,而并未对某一自然人或民营企业做单独分析。

外部股东积极性的测量

1. 机构投资者积极性的测量。根据机构投资者积极主义,机构

---

① Shleifer A, Vishny R W. Large Shareholders and Corporate Control. Journal of Political Economy,1986,94(3, Part 1):461-488.

② 冯宝军,解明明,孙秀峰. 家族企业非控股股东性质与股权制衡有效性——基于家族控制权视角的分析. 大连理工大学学报(社会科学版),2017(3):1-10.

投资者被认为可以作为一种控制机制替代外部控制权市场监督代理人行为,并保证代理人依照合同约定行事,通过对代理人的监察解决传统意义上的代理问题。机构投资者可以在短期内通过"用脚投票"的方式在资本市场买进或卖出企业股权来影响上市公司股价、通过市场接管或股权并购等方式来对公司治理产生影响,也可以在长期内采取"用手投票"的方式积极介入被投资企业的治理,如发起股东提案或征集投票代理权。

已有的对机构投资者积极性测量的主要代理变量是机构投资者持股和机构投资者持股比例。机构投资者持股会给其更强烈的动机积极参与公司治理,并且存在机构投资者持股的企业更可能受到机构投资者长期的、积极有效的监督,且机构投资者持股可以提升对投资者的保护程度,增强中小股东制约家族股东的力量,凸显出其在公司治理中的积极性。另外,还有大部分学者采取机构投资者持股比例作为机构投资者积极性的代理变量,已有研究证明持股比例决定了机构投资者参与公司治理的能力和意愿,随着持股比例的上升,机构投资者参与治理积极性的提高,并可以争取到更多的话语权,同时能从监督中获取更多的利益[1]。

目前,对机构投资者积极性的测量集中于机构投资者拥有的企业所有权,并普遍认同持有股权是机构投资者积极介入公司治理的主要动因。但是,也有学者对将是否持股作为衡量机构投资者积极与否的方式提出疑问,认为当机构投资者持有的股份没有足够大时,机构投资者施行积极主义带来的收益可能小于付出的成本,这将促

---

[1] 唐松莲,袁春生.监督或攫取:机构投资者治理角色的识别研究——来自中国资本市场的经验证据.管理评论,2010,22(8):11.

使他们不愿意介入公司治理中。可以看出,是否存在机构投资者持股对积极性的衡量的有效性仍需进一步研究。此外,许多政策法规会限制机构投资者行为,例如,政府强制机构投资者投资特定企业,或者政府出台条例对机构投资者投资额进行限制,这些都会影响持股和持股比例与机构投资者实际监管积极性的相关性。因此,在对机构投资者积极性进行衡量时,还需考量部分外部环境因素的影响,采取单一测量方式不能完全度量投资者的积极性。

2. 其他外部股东积极性。对其他外部股东积极性的认识多沿袭自对机构投资者的积极主义。由于家族股东在家族企业中持有大部分股权,除机构投资者外的其他外部股东持股较为分散,难以就单独外部股东进行讨论,因此在已有的关于外部股东积极性对家族企业公司治理的研究中,主要以除家族控股股东外的前十大股东中的第二到第十大股东作为研究对象。

由于较大的持股比例是外部股东发挥制衡作用的前提,上市公司前十大股东成为研究外部股东积极性的主要对象。除了持股权,外部股东和家族控股股东是否存在关联性和其他内部关系也应该成为考察的对象。如果外部股东与家族成员间不是完全独立,其积极参与公司治理的程度就不能被持股比例充分解释,可能存在以不作为换取私下利益的情况。因此,外部股东独立性也应被纳入考虑。

外部股东积极性与家族企业风险承担

一般来说,机构投资者作为公司外部股东之一,去参与公司治理的意愿会随着持股比例的增加而不断加强,因为他们需要参与公司的决策来保护自己的利益。投资机构者地位的不断上升,在上市公司的持股规模使其拥有更大的权力,但"用脚投票"的方式显露出很多弊端。随着机构投资者持股比例的不断增加,机构投资者持有的股票数额很大,其大规模抛售股份必然引起股价大规模的下跌,因此机构投资者"用脚投票"所付出的代价不断上升,而获取"监督收益"不断增加[①]。但也有一些特殊的情况,比如一些企业年金或养老基金,这些机构投资者可能在某些企业中的持股比例很高,但他们本身的投资策略是充分而多样化的,所以并不会因为某家公司的持股比例较高而去积极参与该企业的治理。再比如,国内的一些投资机构是典型的财务投资者,尽管在某家企业中持股比例较高甚至是第一大股东,但也不会积极地参与公司治理,而是完全放权给职业经理人管理企业。

影响机构投资者参与公司治理积极性的因素有很多,主要包括机构投资者的投资规模、投资时间的长短、应对风险的能力及对公司经营业绩的期望。结果投资者的逐利性决定了其参与被投资企业公司治理的积极性符合基本经济性原则,也就是收入大于成本的逻辑。当机构投资者认为参与公司治理的潜在收益高于监督成本时,其参与公司治理的积极性便会增加。机构投资者作为介于个人股东与控股股东的第三方,有其自身的优势,能够介入公司治理,成功转变为"价值创造者"的角色。机构投资者仅仅通过发现价值的手段获利就更加困难,其更倾向于通过创造价值来获取利益。

已有的关于外部股东积极性对家族企业公司治理影响的文献中,大多围绕家族企业公司治理的两个方面进行讨论,包括从公司整

[①] Chen X, Harford J, Li K. Monitoring: Which Institutions Matter? Journal of Financial Economics, 2007, 86(2): 279-305.

体探讨外部股东对企业价值和企业绩效的影响,以及从家族企业两个突出特征的视角出发,对家族企业风险承担的研究。外部股东积极性对家族企业风险承担的研究,主要包括对家族企业代理成本、高管薪酬、不当行为和管理决策方面的研究。其中,对代理成本和高管薪酬的研究主要是从家族企业内第一类代理问题的角度出发,根据最优契约理论和管理权力理论在高管薪酬上的矛盾,高管薪酬激励既是代理问题的解决方案,用来激励管理者从企业股东角度出发提高企业业绩和表现以减少第一类代理成本,又可以将其看作体现代理问题的一部分[1]。对于家族企业中突出的第二类代理问题,现有文献主要研究了外部股东积极性对问题本身的抑制作用,包括关联交易、掏空行为和盈余管理等大股东不当行为。关于家族企业的管理决策,国内外学者考察了外部股东积极性对家族企业具体管理决策的影响,包括国际化、研发创新行为和套期保值决策。在企业价值方面,本研究将已有的研究结果分为外部股东的积极影响和消极影响两类;在企业绩效方面,现有文献包括从企业治理绩效、企业成长绩效、企业上市后市场表现绩效角度对家族企业绩效的研究。

综上,外部股东积极性对家族企业公司治理影响的相关文献的梳理框架,如图 43 所示。

---

[1] Khan, R.. Institutional Ownership and CEO Compensation: A Longitudinal Examination. Journal of Business Research, 2004: 58.

```
┌─────────────────────┐         ┌─────────────────────────────────────────────────┐
│  外部股东积极性      │         │           家族企业公司治理                       │
│                      │         │  ┌─────────┐ 代理成本  外部股东可以抑制第一类代理成本 │
│ 机构投资者：机构      │         │  │         ├─────────                             │
│ 投资者持股、机构      │   ⇨    │  │         │ 高管薪酬  高管薪酬水平(积极&消极)、高管 │
│ 投资者持股比例        │         │  │企业风   │          薪酬结构：股权薪酬比例        │
│                      │         │  │险承担   │ 不当行为  外部股东可以抑制家族企业内不当行 │
│ 其他外部股东：外      │         │  │         │          为：关联交易掏空行为、盈余管理 │
│ 部股东持股比例、      │         │  │         │ 管理决策  国际化、研发投资、套期保值     │
│ 股东股权制衡度        │         │  └─────────┘                                    │
│                      │         │  ┌─────────┐ 企业价值  外部股东对家族企业价值的积极影响 │
│                      │         │  │企业表现 ├─────────  和消极影响                   │
│                      │         │  │         │ 企业绩效  治理绩效、成长绩效、IPO后绩效  │
└─────────────────────┘         └─────────────────────────────────────────────────┘
```

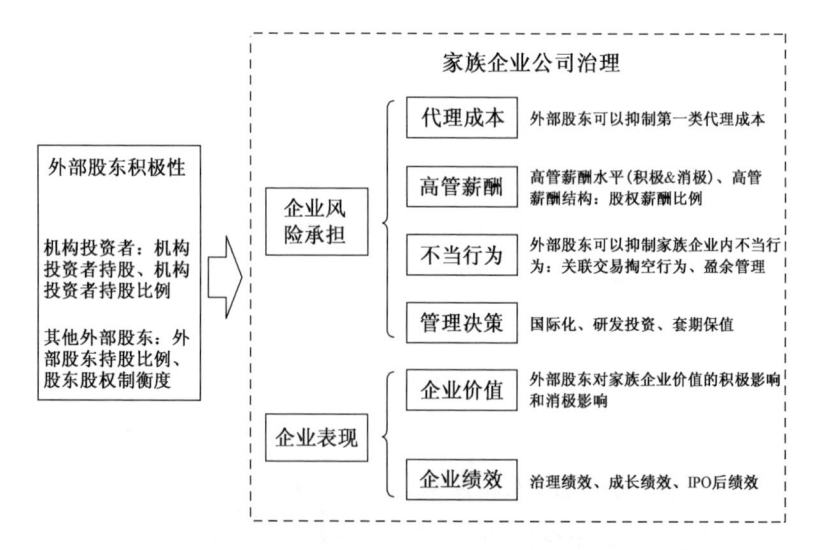

图 43　外部股东积极性对家族企业公司治理的影响的分析框架

外部股东积极性对家族企业相关行为的影响显著。

（1）代理成本。研究外部股东积极性对家族企业第一类代理成本的影响的文献较少，现有文献总体证实了外部股东的积极性可以弱化家族企业的代理成本，但相比非家族企业，这种抑制作用更小。有的研究使用管理费用率和总资产周转率等指标衡量代理成本，发现机构投资者持股越高，家族上市企业的第一类代理成本就越低，股权制衡度对代理成本的影响在家族企业和非家族企业中效果差异明显，在非家族企业中股权制衡就呈显著的治理效应，而在家族企业中却并不显著。

第一类代理成本可分为由股东监管导致的监督代理成本和所有者为了激励管理者用心经营而出让部分股权权益的股权代理成本。现有研究在代理成本的衡量上各有侧重，侧重于监督代理成本或侧重于考察家族企业内的股权代理成本，因此，现有的研究结果尚不能完全体现外部股东积极性对第一类代理成本的影响。

（2）高管薪酬激励。外部股东可以通过介入公司治理监督管理层，通过改善高管薪酬体系和结构，促使高管从企业股东的角度出发提高企业业绩和表现，从而减少第一类代理成本。现有关于外部股东对家族企业内高管薪酬影响的研究，主要集中于高管薪酬水平和薪酬结构两方面。

在家族企业高管薪酬水平方面，现有的实证研究并未达成一致意见。部分学者认为，外部股东积极性会正向影响家族企业高管薪酬水平。当使用第二大股东持股比例作为股权制衡度时，发现股权制衡度与中国家族企业内家族高管的薪酬呈显著正向关系[①]。也有研究发现机构投资者持股比例与家族企业高管薪酬水平不存在显著关系，现有研究产生分歧的原因可能是采用的解释变量不同，以及欧洲市场与中国市场内外部股东活动环境存在差异。

在家族企业高管薪酬结构方面，已有研究认为外部股东积极介入家族企业薪酬治理可以弥补家族企业构建公平合理的高管薪酬体系上的消极影响。为了使高管薪酬更好地与公司绩效挂钩，国内外机构投资者持股会对CEO薪酬结构有显著影响，使家族企业高管薪酬中采用股权薪酬的比例增加，以此促使高管全力提高企业市场价值。但是高管是否为家族成员应当成为决定外部股东调节高管薪酬结构方向的重要因素，Gomez-Mejia等发现机构投资者可以在决定家族企业CEO薪酬结构方面发挥积极作用，但对于CEO为家族成员的企业，机构股东应当要求降低CEO薪酬方案中股权成分的比例，因

[①] 陈林荣,刘爱东.家族企业高管薪酬治理效应的实证研究.软科学,2009(9): 107-114.

为过高的股权薪酬将进一步加强家族的所有权并巩固CEO地位。

（3）不当行为。具有监督特征的积极主义外部股东可以减少公司控制人的掏空行为，减少控股股东侵占小股东利益的行为，减少企业不当行为和第二类代理成本。机构投资者持股比例会降低家族企业内发生关联交易的概率及规模，股权制衡度可以有效制约家族控股股东的"隧道挖掘"行为。有学者认为，外部股东的监督效用受到家族企业内部特殊环境的制约，家族企业内部的管理运作以亲缘关系为基础，公司的正常运作可能缺乏明确的规章制度，这种特殊的管理者和股东之间的关系（有很强的潜在同盟基础）导致机构投资者很难抑制大股东的侵占活动。

（4）管理决策。管理决策对企业的生存和发展具有非常重要的影响。现有研究对于机构投资者积极性是否会提高家族企业管理决策中的风险规避倾向，以谋求更有确定性和风险性较低的企业发展，还存在争议。部分学者认为，机构投资者更看重短期利益，追求短期收益，从而可以和家族企业高管达成利益联盟，使企业的管理决策更加保守[1]。相关研究证明，泰国家族企业中机构投资者持股显著增加了家族企业使用套期保值决策进行风险对冲的可能性，表明机构股东会主动采取行动降低企业的管理决策风险。但相反的观点认为，机构投资者宁愿承担部分风险以换取长期利益，持股比例上升会促使企业研发支出等长期投资行为的发生。

现有研究的分歧主要由于学者对机构投资者是长期型还是短期型的判定不同，与此同时，不同类型的投资者对家族企业管理决策是

---

[1] 唐跃军,宋渊洋.价值选择 VS.价值创造——来自中国市场机构投资者的证据.经济学(季刊)2010(2):609-632.

否存在差异性影响也需要进一步讨论。此外,家族企业内家族势力也会影响外部股东对管理决策的实际介入作用,当外部股东在家族企业内不能获取大股东地位时,家族企业的风险规避态度会加剧风险偏好型外部投资者与创始家族间的冲突①。已有文献主要集中于机构投资者积极性与家族企业管理决策的关系,对其他外部股东的相关研究仍处于起步阶段,有待于实证研究的进一步验证,如图 44 所示。

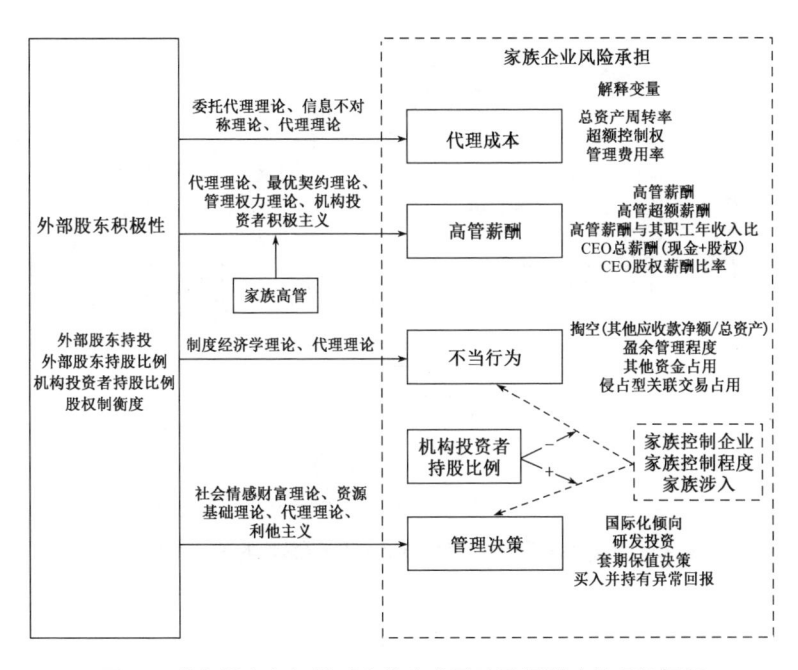

图 44　外部股东积极性对家族企业风险承担影响的理论框架

---

① Martí, J., Menéndez-Requejo, S., Rottke, O. M. The Impact of Venture Capital on Family Businesses: Evidence from Spain. Journal of World Business, 2013, 48(3): 420-430.

外部股东积极性与家族企业绩效

现有的关于外部股东积极性对家族企业价值影响的研究,理论基础主要包括机构投资者积极主义、资本扩充效应、治理参与效应、间接扩散效应、利他主义和裙带资本主义等(如图45)。

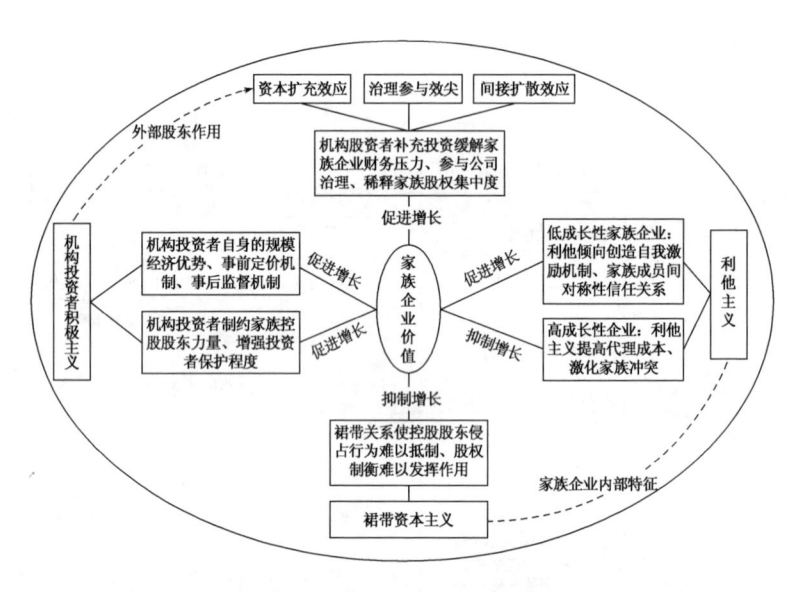

图 45　外部股东积极性对家族企业价值影响的理论基础框架

从公司治理的角度,非家族企业的积极的机构投资者会更主动地参与对管理层的监督,这样能有效地降低管理层可能的道德风险,提升其决策质量和决策承诺。但是在家族企业中,第一类代理问题不是非常严重,外部投资人更多关注的是由于股权特征所导致的第二类代理问题,也就是家族控股股东对外部中小股东的利益侵害。加入企业的机构投资者参与公司治理的积极性同样对家族控股活动有一定的制约作用，就企业的长期发展而言是有利的。

但是在家族企业中，机构投资者的监督作用有可能会被弱化，根源在于家族企业控股股东之间特殊的亲缘关系或姻缘关系使得控股股东长远的利益很容易被捆绑，从长期来看，这种特殊的治理问题很难被解决，不利于企业的长期发展，但这种情况在家族联盟控制的家族企业中会被弱化。Maury & Pajuste 的研究发现，在家族企业中，第二大股东如果是非家族企业，更有利于外部投资人对公司价值的认同。

外部股东由于类型、持股量、与公司有无利益冲突等各不相同，因而对家族企业上市公司价值的作用有差异性；同时，家族企业间的不同特质也会影响外部股东积极主义的作用。未来学者还可以考察在家族企业规模、发展阶段等不同的情况下，外部股东的积极性是如何影响家族企业的公司价值，以及不同具体类型的机构投资者的影响是否具有差异性。在家族企业领域内，多数学者证明了外部股东尤其是机构投资者的积极主义对公司绩效存在正向影响。Gama 等使用托宾 Q 和资产负债率作为绩效指标，发现机构投资者持股有能力约束管理层从而防止控股家族转移利润，因此机构投资者持股比例越高，公司绩效越好。此外，包含机构投资者的控制联盟也与企业绩效呈正相关关系。葛永盛和张鹏程研究了机构投资者与家族企业治理效率的影响，使用管理费用和资产周转率衡量企业的治理效率，发现以战略投资者为代表的积极派机构投资者能够有效地改善家族企业治理效率，其持股比例变化对家族企业的治理效率产生显著的积极影响。

关于股东积极性在家族企业风险承担与治理中的作用，现有研究存在两方面的不足。一方面，虽然已有的研究已经涉及机构投资者对公司治理绩效效果在治理效率、成长绩效、上市后的市场表现的影响,但对企业的创新绩效、财务绩效等其他方面的衡量仍存在不足。另一方面,学者就不同机构投资者类型与绩效的关系并未得出一致的结论,可能是市场环境不同而导致家族企业内部治理环境不同。

重要文献

[1] Agrawal, A., Mandelker, G.. Large Shareholders and the Monitoring of Managers, the Case of Antitakeover Charter Amendment. Journal of Financial and Quantitative Analysis, 1990, 25: 143-167.

[2] Chen, X., Harford, J., Li, K.. Monitoring: Which Institutions Matter? Journal of Financial Economics, 2007, 86 (2): 279-305.

[3] Gama, A. P., Rodrigues, C.. The Governance-Performance Relations in Publicly Listed Family Controlled Firms: An Empirical Analysis. Corporate Governance, 2013, 13: 439-456.

[4] Gomez-Mejia, L. R., Larraza, M., Makri, M.. The Determinants of CEO Compensation in Family-Controlled Public Corporations. Academy of Management Journal, 2003, 46: 226-237.

[5] Maury, B., Pajuste, A.. Multiple Large Shareholders and Firm Value. Journal of Banking & Finance, 2005, 29 (7): 1813-1834.

[6] Pozen, R. C.. Institutional Investors: The Reluctant Activists. Harvard Business Review, 1994, 72(1): 140-149.

[7] 葛永盛,张鹏程.家族企业资源约束、外部投资者与合同剩余.南开管理评论,2013(3):57-68.

[8] 魏明海,黄琼宇,程敏英.家族企业关联大股东的治理角色——基于关联交易的视角.管理世界 2013(3):133-147,171,188.

第十四篇　家族企业的社会责任

企业社会责任的影响因素

从资源依赖的角度,企业是一系列资源的结合,而这一系列资源是来源于企业所有的利益相关者,只有利益相关者之间通力合作,企业才可能持续生存,实现基业长青。但是在家族企业中,社会情感财富理论认为控制家族管理企业的核心目的是保护家族的社会情感财富,家族为保护社会情感财富可能做出非经济性决策,这些决策可能有损于其他的利益相关者。家族企业如何对利益相关者保护是研究者关注的焦点,已有的研究主要考察家族企业的社会责任履行问题。

企业社会责任(Corporate Social Responsibility, CSR)的概念最早由 Sheldon 提出,他认为作为法人企业,应该像自然人一样也有向社会履行责任的义务。Carroll 明确提出企业社会责任是"企业为社会所承担的经济、法律、道德和慈善责任的总和",包括企业社会责任观、企业社会响应观和企业社会价值观 3 个方面。Freeman 在 1984 年出版的 *Strategic Management*: *A Stakeholder Approach* 一书中提出了利益相关者理论,解决了企业社会责任研究长期以来缺乏理论基础的问题。该理论强调企业运营的目标不应该仅仅是为股东创造剩余价值,而应该是实现整体利益相关者的利益最大化,这种观点的提出和这种理论的企业合法性分析逻辑是一致的,企业存在的基本合法性应该是实现各种资源的有效配置,而不仅仅是为其股东创造财富。Wood 从不同层面的具体内容提出了社会责任的整体框架,提出企业社会责任的分析应该包括社会责任履行的原则、社会回应的过程以及社会责任结果。社会责任原则强调了制度层面的合法性、组织层面的公共责任和个人层面的自由裁量权。社会责任的回应过程包括对环境的评估、利益相关者的管理,而企业社会责任的结果主要是强调通过履行社会责任给社会带来的影响,包括对环境、政府等利益相关者。

企业社会责任主要强调企业除了要实现作为经济性组织必须实现的经济目标以外,还要关注对社会和环境的贡献,这也就意味着企业可能因为要履行社会责任而支付更高的成本。企业如何在经济目标和非经济目标之间进行权衡,如何促使企业更好地履行社会责任是非常有意义的研究话题。以往关于企业履行社会责任的相关研究显示,影响因素主要集中在董事会或高管特征、CEO 特征、企业特征等方面,包括董事会或高管性别、董事会独立性、CEO 兼任、CEO 激励、企业所有权结构、企业性质、企业规模等,以及董事会或高管团队的特征等方面。董事会或高管团队性别多样性、CEO 特质,以及企业所有权性质会显著影响企业社会责任的披露和承担。

研究者们往往使用利益相关者理论、高阶理论、代理理论、社会情感财富理论等进行相关的解释。

利益相关者理论认为,董事会不仅代表股东的利益,还可以影响其他利益相关者,或受其他利益相关者的影响。不同的群体对企业有合法的权利要求,可以影响企业的社会责任披露与结果。在此基础上,董事会的性别多样性可以带来不同的视角,女性董事具有影响企业社会责任报告的潜力[①]，并倾向于鼓励对董事会的有效监督，以满足不同利益相关者的需求。

高管团队成员是有限理性的，因此高阶理论提出高管团队的特征会影响企业的战略、运营和管理，决策者的自由裁量权起到重要的约束作用。在后续的研究中，高阶理论也被扩展运用到董事会层面，董事会是一个重要的决策机构，家族企业董事会的工作模式是个典型的团队生产过程。基于高阶理论，董事会成员的特质及董事会的结构特征对企业战略决策的影响更为显著。

代理理论认为，经理人员作为所有者的代理人，负责使用和控制企业的资源，以实现所有者目标。但是，代理人与委托人之间会产生代理冲突，从而影响所有者目标的实现。代理人与委托人之间的利益并不完全一致，两者都希望自身利益最大化。因此，代理人可能会出于自我寻利的动机，更倾向于做出承担社会责任的行为，例如，提升自己的知名度和获得更好的声誉以增加自己的财富。如果对CEO进行长期的激励，CEO更有可能考虑企业的长期发展和更和谐的利益相关者的关系，从而更多地承担社会责任；而对于短期激励，CEO则会更多地考虑自身利益，做出自利行为，更少地考虑企业的发展和社会责任。

社会情感财富理论认为，与非家族企业相比，家族企业做出的决策不完全受经济逻辑的支配，家族企业更加倾向于保护它们的社会情感财富，例如，形象和声誉，这会使家族企业更有可能对利益相关

[①] Harjoto, M., Laksmana, I., Lee, R.. Board Diversity and Corporate Social Responsibility. Journal of Business Ethics, 2015, 132(4): 641 - 660.

者的要求做出更积极的回应[①]。

根据文献整理,基于高阶理论和利益相关者理论提出了目前对于企业社会责任前因的以下研究框架(如图46),研究方向包括董事会/高管团队性别多样性、CEO特质、企业所有权性质、企业规模等方面。

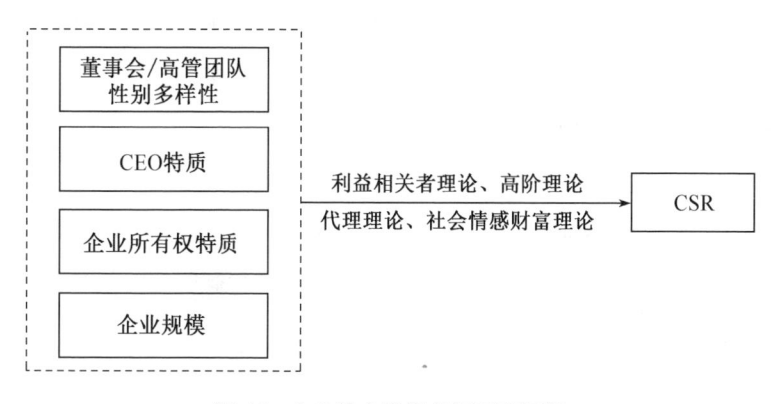

图46 企业社会责任前因研究框架

目前的研究较普遍地认为,董事会的性别多样性与企业社会责任之间存在正相关关系,这是由于女性董事可能会提供不同的观点,强调负责任和响应性的意见。她们在公司董事会的存在可能会避免或缓解管理层自利或不负责任的行为,从而维护和改善所有利益相关者的利益。例如,相比于男性董事,女性董事更可能有助于提高企业的决策能力,提高环境绩效评分,如减排、资源减少和产品创新。女性领导风格鼓励企业实践社会责任,女性董事可能比男性董事对企业社会责任活动更敏感,因为她们更倾向于从事非营利活动。同时,在董事会中的女性会说服男性成员进行更多的企业社会责任活

---

① Cruz, C., Larraza-Kintana, M., Garcés-Galdeano, L., et al. Are Family Firms Really More Socially Responsible? Entrepreneurship: Theory & Practice, 2014, 38(6): 1295–1316.

动。从CEO特质看，CEO的教育背景、能力等会影响企业的社会责任绩效。受到更高教育的CEO更能意识到企业社会责任和利益相关者关系的重要性，从而承担更多的企业责任。企业所有权的结构和性质会影响企业社会责任的承担。机构所有权与企业社会责任的关系结论不一，积极效应和消极效应均有被支持，而外资所有权则被证实对企业社会责任披露存在积极作用，国有企业更多地参与社会责任的承担以实现社会整体利益最大化。

有研究表明家族企业更可能积极履行外部利益相关者的社会责任，如慈善捐赠、环境治理，以增加社会情感财富。但Ghoul等研究了9个东亚经济体的上市公司样本，发现家族控制的企业具有较低的社会责任绩效。

企业社会责任的经济效果

目前，学界普遍研究企业社会责任带来的财务绩效结果，尽管目前还没有一个统一的、普遍适用的结论，但大多持有两者呈现正相关关系的观点。此外，有学者研究企业社会责任对于企业价值、企业资本成本、创新活动或产出、风险等因素的影响，普遍认为企业社会责任能够正向促进企业的发展。在研究企业社会责任履行带来的后果上，研究者们往往使用利益相关者理论、资源基础观理论、竞争优势理论等进行相关的解释。

企业的管理活动是综合平衡各个利益相关者的利益要求之后所形成的结果，企业在经营运作时，不能仅仅考虑股东的需求和利益，更要兼顾考虑所有相关者的利益，因为这些利益相关者提供了一定的资源，包括人力资本、技术资本、财务资本等，同时还承担了一部分的风险,例如,经营不善导致亏损、拖欠工资等①。从顾客角度来看,企业履行社会责任有助于树立良好的企业形象和企业声誉,提高顾客满意度和忠诚度、增加顾客的重复购买,有助于开拓新产品市场等②。从员工角度来看,企业履行社会责任有助于吸引更多高素质的人力资源,从而有助于获得企业竞争优势。从外部投资者角度来看,长期的机构投资者更加关注企业的社会责任,认为更高水平的企业社会绩效能够带来更好的长期经营。

根据目前的文献汇总与整理,本篇提出了以下框架来总结目前对于企业社会责任后果的研究,研究方向包括财务绩效、价值、风险、创新及各类资源成本等方面。

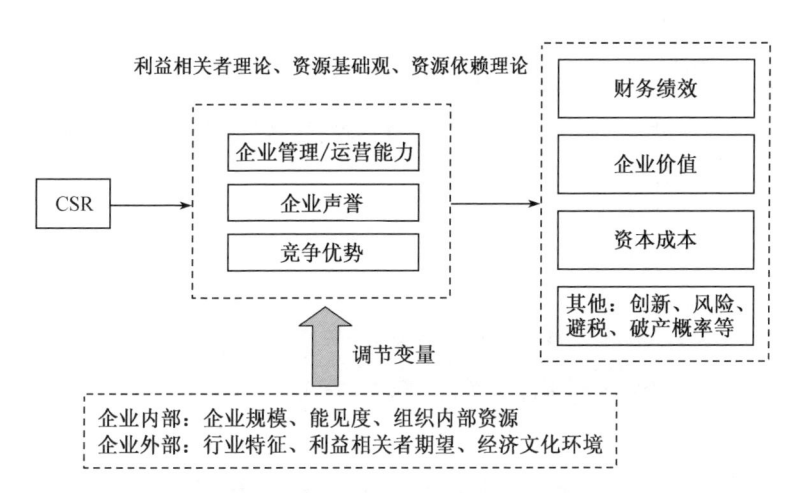

图47 企业社会责任前因研究框架

---

① Clarkson, M. E.. A Stakeholder Framework for Analyzing and Evaluating Corporate Social Performance. Academy of Management Review, 1995, 20(1): 92-117.

② Latif, K. F., Pérez, A., Sahibzada, U. F.. Corporate Social Responsibility (CSR) and Customer Loyalty in the Hotel Industry: A Cross-Country Study. International Journal of Hospitality Management, 2020: 89.

企业社会责任与财务绩效

目前,学界对于这两者的关系没有得到统一的结论,有学者认为,企业社会责任与财务绩效呈现正相关关系。也有学者认为,企业社会责任与财务绩效呈现不相关关系[1]或者负相关关系。另有学者认为,这两者的关系并不是简单的线性关系,而是更为复杂的"U型"或"倒 U 型"关系。

研究中更被认可的则是企业社会责任与财务绩效呈现正相关关系,这个结论在众多研究中得到了证实。基于利益相关者理论、资源基础观和资源依赖理论,企业社会责任活动可以通过减少企业与非投资利益相关者之间的利益冲突来提高企业声誉和财务绩效。持积极效应观点的学者们则认为,积极参与社会责任的企业更有可能实现包括人力资本、债务资本、权益资本等各类资本的收益,从而为这些企业带来更高的价值。

企业社会责任与创新

基于资源基础观和知识资源观,一些学者认为知识、技术、信息等资源的获取和利用推动着企业技术创新能力的发展。企业内部知识对于企业创新活动的作用有限,因此企业还需要从外部获取知识等资源,提升创新能力。利益相关者能够帮助企业获得技术创新所需要的资源和支持,投资人、顾客、竞争者、研究机构、社会公众等外部利益相关者往往拥有或能够接触到新的专业知识与技能,能够被

---

[1] Makni, R., Francoeur, C., Bellavance, F.. Causality between Corporate Social Performance and Financial Performance: Evidence from Canadian Firms. Journal of Business Ethics, 2009, 89(3): 409–422.

用来补充企业的内部知识,进而提高创新能力;员工作为主要的内部利益相关者之一,能够通过积极地从事研发活动来提高创新效率。

结合利益相关者理论和信号传递理论,企业积极履行社会责任,能够降低与利益相关者之间的信息不对称程度,与利益相关者建立良好的互动关系。积极履行外部利益相关者的社会责任能够为企业带来声誉、良好的企业形象等无形资本,促进外部利益相关者提升对企业的信任感及参与企业业务的积极性,从而向企业投入资金等发展和创新的必要资源,促进企业创新活动和创新绩效。积极履行内部利益相关者的社会责任,如进行员工培训、提高薪资福利、改善工作环境等,能够使员工,尤其是研发人员获取一定的技能与经验,提高企业认同感、忠诚度和满意度,激发创新能力并提高创新绩效[1]。企业社会责任前因和影响效果的主要研究内容及所依赖的理论基础,详见图48。

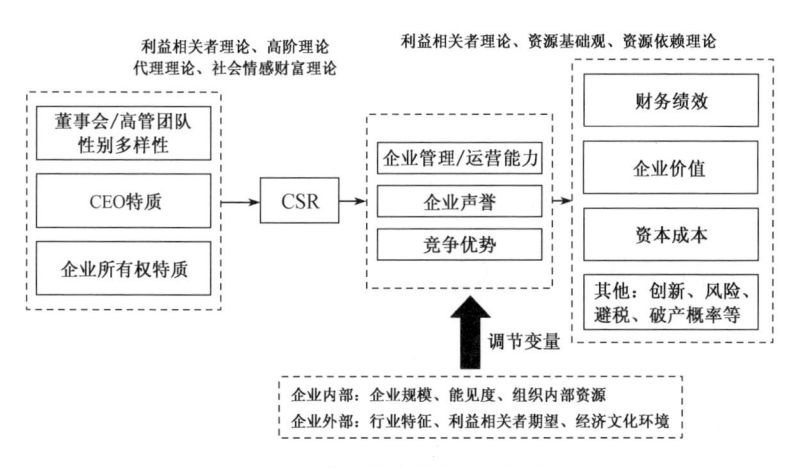

图 48 企业社会责任研究框架

---

[1] Kim, H.-R., Lee, M., Lee, H.-T., et al. Corporate Social Responsibility and Employee-Company Identification. Journal of Business Ethics, 2010, 95(4): 557–569.

家族企业的企业社会责任

家族企业的企业社会责任的相关研究不是特别丰富,但国内外的研究热度均有逐年上升的趋势,研究热点较为分散。为了清楚了解该领域的研究现状和发展趋势,找出该领域的重要文献和引文脉络,本篇基于 Web of Science 和 CNKI 两个平台,依据相关词和软件进行共被引分析和聚类分析,快速锁定研究主题和优质文献。

文献可视化分析

为了梳理家族企业的企业社会责任的研究脉络,在 Web of Science 中按照检索条件 "TS=(Corporate Social Responsibility) AND [TS=(Family Firms) OR TS=(Family Businesses) OR TS=(Family-Controlled Business) OR TS=(Family-Controlled Firms) OR TS=(Family Ownership)] AND DT=(Article)"进行搜索,加上手工剔除和整理,共得到 76 篇文献,由此进行 Histcite Pro 可视化分析。

首先,根据 WOS 文献年发表情况,如图 49 所示,第一篇有关企业社会责任与家族企业的文献是 2003 年发表的,近五年文献发表数量开始有所上升。说明国际学术界对家族企业社会责任的话题越来越关注。

根据文献被引情况,Dyer & Whetten(2006)、Cennamo et al.(2012)、Cruz et al.(2014)、Orlitzky et al.(2003)、Deniz & Suarez(2005)等的文章排在被引用量的前列。例如,Dyer 系统地验证了家族在家族企业绩效表现方面的影响。为家族企业绩效相互矛盾的说

第十四篇 家族企业的社会责任

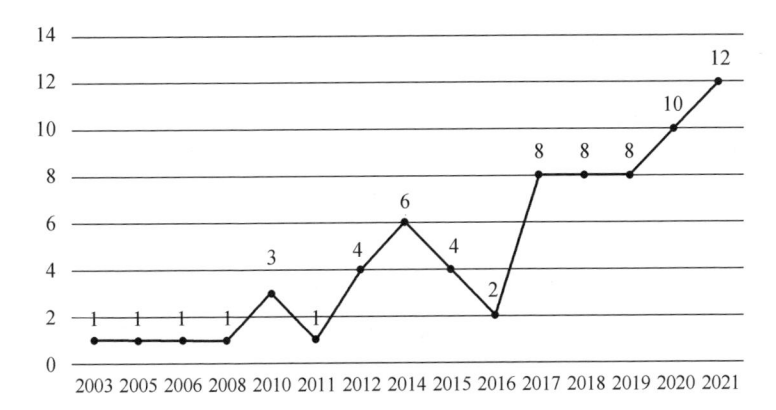

图 49 核心合集文献年发表量

法提供了解释。

同时,在 CNKI 上根据"'主题＝企业社会责任'AND'主题＝家族企业',期刊来源为'CSSCI',出版时间＝所有年份"的条件进行检索,国内关于家族企业与企业社会责任相关主题的研究起步晚于国外。相对发文趋势也存在明显差异,国外的研究热度逐渐上升,而我国的相关研究论文一直处于低水平波动中。

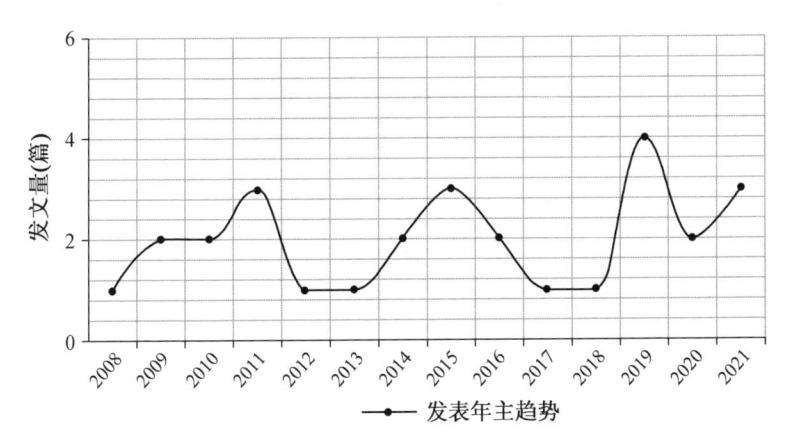

图 50 CNKI 年度发表文献数

进行 CiteSpace 分析可以发现，国内主要从家族涉入、绩效困境、制度环境和慈善捐赠等主题研究家族企业与企业社会责任履行之间的关系。家族涉入和慈善捐赠是家族企业履行社会责任相关研究中热度最高的两个话题。如图 51 所示。

图 51　CNKI 关键词聚类分析

家族企业履行社会责任的动机

家族所有权与管理权、家族传承等家族性特征会影响家族涉入与非家族涉入企业在社会责任行为上的差异[①]。目前，关于家族企业对企业社会责任履行的动机研究主要分为两个观点：第一个观点认为家族企业受到社会情感财富和组织认同的影响，会积极履行社会责任。第二个观点基于理性人假设和代理理论，认为家族企业相对于非家族企业，对所有权和管理权的控制程度更高，因此更会追寻自身利益的最大化，从而减少社会责任履行。

以上两种观点的争论是由于没有考虑到企业社会责任的履行对

---

① Déniz, M. de la C. D., Suárez, M. K. C.. Corporate Social Responsibility and Family Business in Spain. Journal of Business Ethics, 2005, 56(1): 27-41.

第十四篇　家族企业的社会责任

象的差异,从而形成对立的观点。现代企业理论认为,企业是由一组复杂契约交汇构成的法律实体,结合利益相关者理论,将与企业具有正式交易契约关系的利益相关者,如股东、员工、供应商等,称为"内部利益相关者",将不具有正式契约关系的利益相关者,如政府、顾客、社区、一般公众等,称为"外部利益相关者"。因此在这两个理论基础上,企业社会责任的履行可以分为内部利益相关者社会责任和外部利益相关者社会责任两个维度。不少研究表明,家族涉入企业会提高对外部利益相关者的社会责任投入,抑制对内部利益相关者的社会责任行为;此外,部分学者研究了高管激励强度、制度环境、企业家特质、企业内部特质等因素在该过程中起到的调节作用,最终形成如图 52 所示的研究框架。

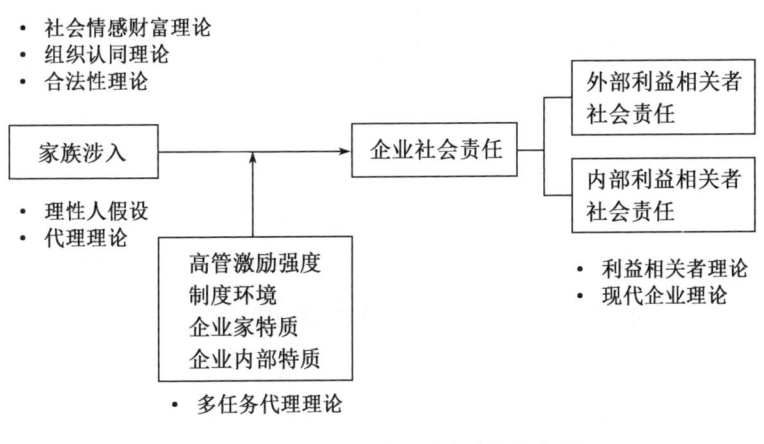

图 52　家族企业与企业社会责任框架图

社会情感财富理论、组织认同理论、合法性理论能够解释家族企业对外部利益相关者社会责任的履行情况。

家族企业相对于非家族企业,更加注重实现能够增加社会情感财富的非经济目标。履行基于企业伦理规范的社会契约的外部利益相关者的社会责任,能够为企业带来声誉,维持良好的社会关系,以增加社会情感财富。家族涉入越深,家族成员对企业的组织认同感就会越强,对企业的所有权就越大,越会积极履行外部的社会责任,以获得良好的社会声誉和企业形象,保护家族经济财产不受经营风险的损害。企业声誉作为一种无形资产,能够帮助企业降低经营不当导致的经济价值损失。将企业声誉看作家族声誉,积极履行外部利益相关者的社会责任,有利于提高企业声誉,增加家族情感财富。

新古典经济学下的理性人假设、代理理论能够解释家族企业对内部利益相关者社会责任的履行情况。尽管家族企业决策过程中可能关注经济目标和非经济目标,但从控制家族的角度来看,任何决策都具有强烈的自利动机。控制家族可以为了家族企业的利益最大化或者实现社会情感财富等,而做出损害其他利益相关者的行为。因为家族企业存在的合法性基础是实现价值创造和家族控制,决策者完全可能出于自利的动机来提升家族企业的合法性。员工和家族企业控制者同时作为企业重要的内部利益相关者,员工作为一种生产要素投入企业生产,而最终的企业剩余索取权由家族控制者拥有,因此,家族企业更可能基于对成本最小化的追求,忽视员工的需要,尽可能减少员工的投入成本,获得最多的剩余收益权。但社会情感财富的构成要素之一是情感需要,家族企业成员为了持续控制家族企业必须要获得其他利益相关者的支持,例如为了与员工建立长期关系契约以获得员工的认同和支持,家族企业也有动机去履行社会责任。

重要文献

[1] Gama, A. P., & Rodrigues, C.. The Governance-Performance Relations in Publicly Listed Family Controlled Firms: An Empirical Analysis. Corporate Governance, 2003, 13: 439 - 456.

[2] Godfrey, P. C. The Relationship between Corporate Philanthropy and Shareholder Wealth: A Risk Management Perspective. Academy of Management Review, 2005, 30(4): 777 - 798.

[3] Huang, S. K.. The Impact of CEO Characteristics on Corporate Sustainable Development. Corporate Social Responsibility & Environmental Management, 2013, 20(4): 234 - 244.

[4] Li, W., & Zhang, R.. Corporate Social Responsibility, Ownership Structure, and Political Interference: Evidence from China. Journal of Business Ethics, 2010, 96(4): 631 - 645.

[5] Mcwilliams, A., & Siegel, D.. Corporate Social Responsibility and Financial Performance: Correlation or Misspecification?. Strategic Management Journal, 2001, 21(5): 603 - 609.

[6] 张建君. 竞争——承诺——服从:中国企业慈善捐款的动机. 管理世界,2013(9):118 - 129,143.

后　记

在 2004 年为博士论文寻找选题的时候,看到了一篇关于沃尔玛拒绝设立工会组织的报道,加之当时对"长虹换帅"的讨论,我决定博士论文研究公司治理方面的问题。此后近 20 年,中国企业的公司治理问题越来越成为学者和管理者关注的焦点,"三鹿奶粉事件"、国美董事会席位之争、万科股权事件等一系列事件将中国企业公司治理问题研究推向高点。

我最初关于公司治理方面的研究,主要关注成熟企业,特别是上市公司的治理问题。以上市公司作为样本进行研究,主要关注两大类治理问题:代理型治理问题和剥夺型治理问题。代理型治理问题主要产生于管理者和股东之间的委托代理关系,由于管理者与股东的风险偏好、风险承担和目标等不一致,管理者有可能做出有损于股东及其他利益相关者的行为,股东如何激励和约束管理者,让管理者能够像股东一样思考问题,这就是典型的代理型治理问题。而剥夺型治理问题关注的是股东之间的委托代理问题,现代企业制度下股权结构越来越分散,中小股东或外部股东很难有机会对公司的决策有话语权,内部股东或大股东可能做出有损于外部股东的决策,这就是典型的剥夺型治理问题。

无论是代理型还是剥夺型治理问题,公司治理研究关注的核心

后　记

焦点就是代理人的败德问题。而代理人的败德问题可能是因为代理人"傻",也可能是应为他"坏",不管是什么原因,代理人的败德问题都会给企业带来主动的或被动的风险承担。所以风险承担与公司治理是紧紧捆绑在一起被研究的"好兄弟"。

2017年,也就是五年前,有了写书的想法。开始着手写第一本关于公司治理的学术专著时,我想到了把博士论文的研究成果朴实化,希望自己关于公司治理的研究能够被普通管理者看到并理解,所以有了2019年出版的《公司治理与战略决策》这本书。如今回头看,我并不是特别满意,因为没有实现我的朴实化初衷,全书表述过于学术,而大众读者平时可能阅读专业文献的机会不多,所以我产生了再写一本实践管理者能结合实操、通俗易懂的大众读物。

这本书的选题产生于我和同事关于草根创业的讨论,我们都对中国初代的创业者的发展历程感兴趣,同时也更关注他们如何能够成功地将像"儿子"一样养大的企业传承给自己的后代。我们关注到了一些家族企业在二代管理者的手上蓬勃向上发展的例子,但同时也看到了个别家族企业经历代际传承后走向衰落的典型案例,所以我们将这本书的话题定位在家族企业的风险承担与公司治理。

阅读了市场上关于家族企业公司治理问题的相关书籍后,除教材以外,现有的著作要么以纯案例形式呈现,要么过于学术而缺乏一定的普适性。通过大量的文献梳理,我们发现现有关于家族企业公司治理和风险承担的研究结论不完全一致,各国不同样本的相关研究成果存在明显差异。所以我们希望通过这本小书,来综述到目前为止全球范围内关于家族企业研究话题的一般性结论。这部分内容我们用了相对学术的 Meta 研究方法,对实践中的管理者来说可能又过于专业化,但这是我们能想到的最严谨的方法,所以作为企业管理者只要直接跳过数据看结论就好。

  在写作这本书的过程中,发生了中国企业界和学术界都非常关注的"恒大事件",这让我想到对于中国的民营企业而言,如何做好公司治理和科学决策是基本功,如何实现企业的可持续发展才是永恒的话题。所以在完成本书写作的同时,我也有了下一本书的主题,就是关注于中国企业的成长问题。我们国家从"发展就是硬道理"到科学发展观之可持续发展,再到强调高质量发展,我认为企业也是一样的。企业作为社会经济的"细胞",只有每一个"细胞"都是健康成长的,一个有机体作为整体才能真正实现可持续、高质量的发展。

  能顺利完成这本书,我要由衷感谢我的学生们,在商学院管理系"研究生公司治理"课程中,他们帮助我进行了大量的文献搜集和梳理工作,并进行了基本的数据分析,为本书的完成做出了很大的贡献。我也要感谢本书的编辑谭天,她的细致与负责,保证了图书的顺利出版。大家的支持和认可让我有了继续前行的动力。

汪丽
2023 年　夏